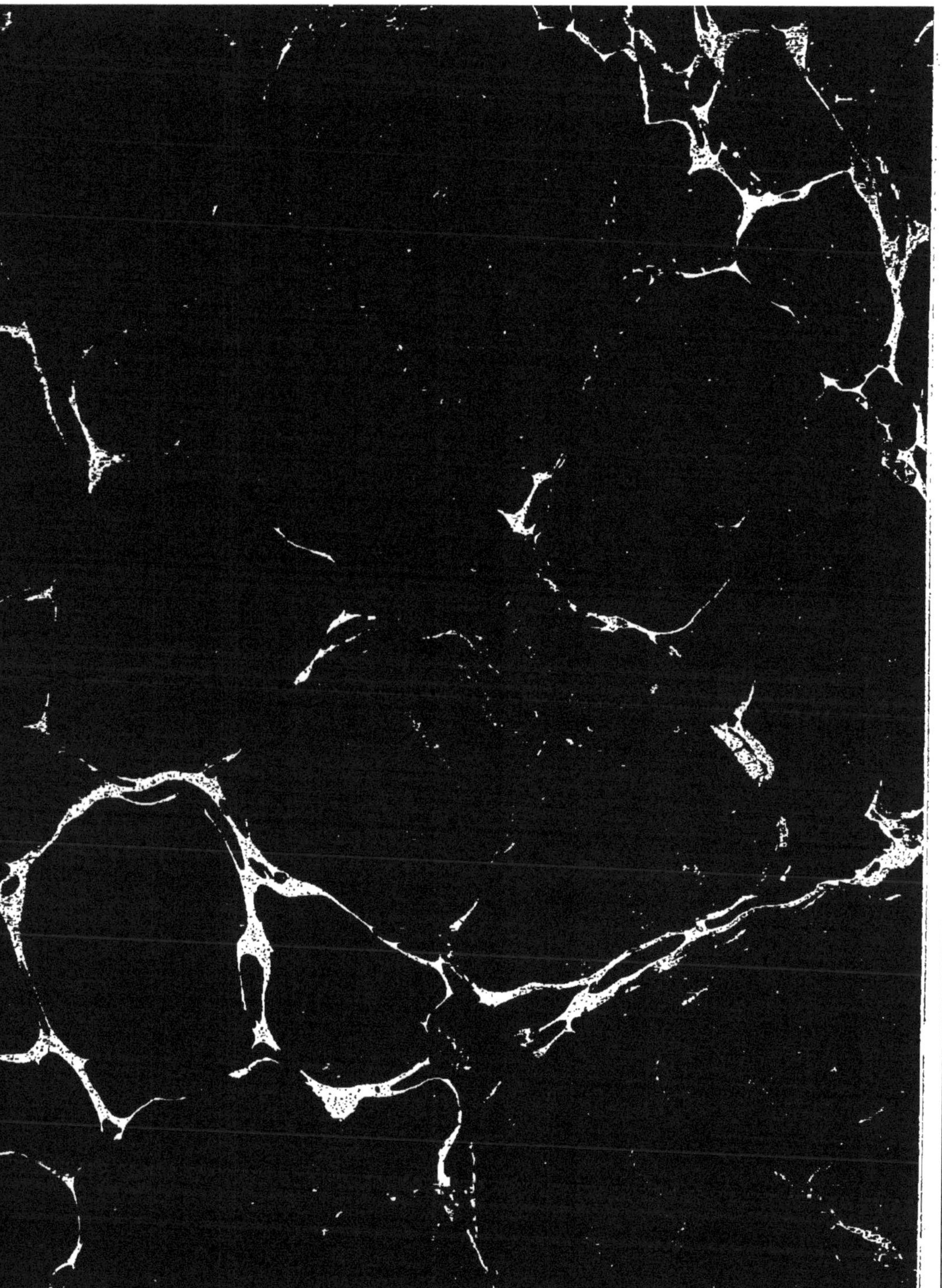

# CRÉCY,

# POITIERS, AZINCOURT,

# WATERLOO.

Paris.—Imp. de Mad. de Lacombe, rue d'Enghien, 14.

# CRÉCY,

# POITIERS, AZINCOURT,

# WATERLOO.

ESQUISSE HISTORIQUE

PAR CHARLES LISKENNE.

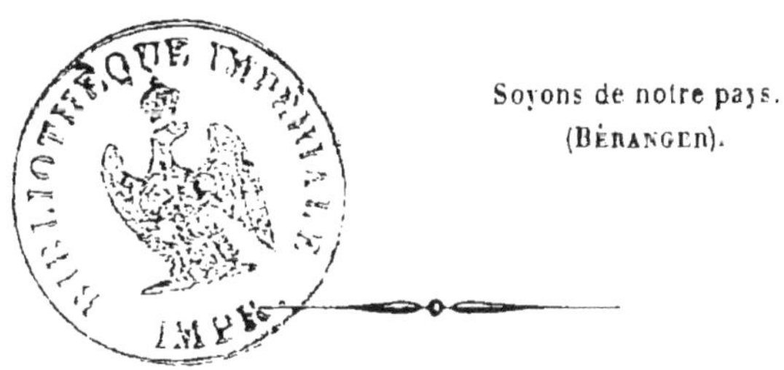

Soyons de notre pays.
(Béranger).

PARIS.

A L'ADMINISTRATION DE LA BIBLIOTHÈQUE HISTORIQUE ET MILITAIRE,

14, RUE DE LA VICTOIRE.

1855.

# ÉPILOGUE.

Depuis plusieurs mois, et malgré les encouragements de quelques amis, j'hésite à publier ce livre. On en comprend les motifs : l'Histoire ne se remanie pas au gré des passions des hommes.

Deux grandes nations, oubliant de longues querelles, s'unissent aujourd'hui dans le but de protéger et d'étendre les bienfaits de la civilisation. Qui donc n'applaudirait à une telle pensée? La civilisation !... Mais c'est là le premier des problêmes de l'humanité.

Carthage et Rome eurent séparément jadis une mission semblable. Quel résultat pouvait-on attendre du concert de ces deux peuples célèbres; on ne saurait le dire, car, devant l'Histoire, ils se présentent avec ce mérite de n'avoir jamais masqué leur rivalité.

Nous voyons former une alliance entre les républiques de la Grèce, alors que les rois de Perse, de leurs armées innombrables, menaçaient la liberté. Les Perses furent vaincus.

Dans ce temps même qu'à Lacédémone on célébrait des fêtes en l'honneur de tant de victoires mémorables, Thémistocle sut persuader à ses concitoyens d'occuper leurs loisirs à relever les murailles d'Athènes, les engageant à les rendre plus fortes que jamais.

Homme d'état, non moins remarquable que général habile, Thémistocle pensait très sainement que deux peuples également ambitieux, et situés si près l'un de l'autre, ne manqueraient pas de sujets de dissidence, une fois débarrassés de la crainte des Perses, et que l'on ne tarderait pas à recourir aux armes, le tribunal suprême où se jugent les contestations des peuples et des rois.

Les Lacédémoniens, étonnés de la résolution des Athéniens, envoyèrent des députés. Ils dirent qu'une longue communauté de gloire et de périls ayant effacé toutes les traces de dissensions antérieures, et réuni les citoyens de la Grèce dans une même famille, ils venaient s'informer des motifs qui pouvaient exciter une méfiance tellement manifeste, qu'elle tendait à troubler cette union.

Thémistocle accueillit les députés avec beaucoup d'égards, et leur promit de porter lui-même les justifications qu'ils réclamaient. Il partit en effet, faisant retenir les députés comme ôtages.

Pendant le voyage, Thémistocle feignit une maladie. Mais tandis qu'il écrivait à ses alliés pour s'excuser sur les lenteurs de sa marche, il exhortait, par des émissaires, ses concitoyens à presser leurs travaux. Thémistocle sut prolonger ces retards avec une adresse infinie; et enfin, quand il arriva devant Lacédémone, les murailles d'Athènes étaient élevées.

Il y a quelques années seulement, si l'on s'était avisé de présenter un pareil livre aux gens du monde, chacun aurait demandé si le livre et l'auteur ne tombaient pas des nues; aujourd'hui que les conversations tournent toutes à la guerre, c'est peut-être une bonne fortune d'arriver ainsi tout équipé au milieu de la discussion.

Dans le roman moderne, on a substitué l'action au récit. Ce fut avec moins de succès, sans doute, que l'on tenta cet essai pour l'histoire : cependant, j'ose plus encore ; car je mets en action une seule idée.

Plusieurs me blâmeront ; moi, j'y trouve un avantage. J'ai remarqué qu'en politique, pour réussir, un ouvrage doit être écrit avec une grande hardiesse; et, quand on se sentirait de force à ne pas reculer devant l'épreuve, il y aurait toujours la crainte de froisser certaines opinions divergentes, surtout si elles sont en cours d'actualité. Marchant au contraire avec l'appui des faits, vous vous mettez de suite à l'abri du reproche ; tout ce que l'on exige alors, c'est que vous soyez vrai.

Sous un autre point de vue, il me reste à désirer

que ce travail puisse offrir quelques aperçus utiles ; mais j'entends de tous côtés résoudre avec tant d'aisance des questions qui me paraissent très difficiles, que je ne sais comment faire comprendre que je ne viens me poser ici ni en professeur ni en contradicteur.

Quel écrivain nous disait donc que s'il avait la main pleine de vérités, il n'en laisserait échapper aucune ; n'est-ce pas Fontenelle ? — C'est lui-même ; je le reconnais. Aimable philosophe, trop aimable peut-être, puisque l'on put supposer qu'il était sans passions.

Cet illustre académicien nous enseignait encore qu'en guerre civile, il faut savoir se ménager des intelligences dans tous les partis, afin d'être en mesure de parer aux vicissitudes trop fréquentes de la fortune. Tant de gens de nos jours suivent cette maxime et avec profit, qui n'ont jamais lu Fontenelle, que je suis à me demander si notre philosophe ne laisse pas, malgré lui, glisser une vérité.

Certainement, il n'est pas donné à tout le monde d'en avoir la main pleine ; mais il me semble que l'on peut toujours l'ouvrir.

# CRÉCY,

# POITIERS, AZINCOURT,

# WATERLOO.

---

Pourquoi, penseront nos lecteurs, évoquer ici les pages funèbres de notre histoire, quand nous pouvons compter tant de triomphes éclatants? N'avons-nous donc pas assez de lauriers, que nous ne puissions au moins en recouvrir nos tombes?

Sans doute, nos armes ne manquent ni de retentissement ni de gloire; et certes la France n'est pas à son déclin : nos annales présentent de grandes et belles pages; ne les oublions pas à quelque époque qu'elles appartiennent : mais la contemplation d'un succès conduit à l'orgueil qui trop souvent nous aveugle, et c'est en étudiant les revers de sa patrie que Scipion, bien inférieur au grand Annibal, finit par gagner sur lui une bataille si décisive, qu'elle entraîna la ruine de Carthage.

Malheureusement, nous rejetons l'Histoire; et tout au contraire des anciens peuples, qui reculaient leur origine par delà les bornes de l'antiquité connue, nous qui, dans une suite de traditions non contestée, pouvons offrir au monde des annales qu'il nous envie, nous désavouons nos ancêtres, nous voulons dater d'hier.

Que César nous observait bien en traçant notre portrait d'une main si sûre, que chaque coup de pinceau nous fait reconnaître encore! Nous sommes les Gaulois de César.

Quand l'Empereur Napoléon Ier n'était pas content de nous, il nous nommait *Soldats de Darius*. Mais la mauvaise humeur du moderne Alexandre avait peu de durée; car, près des siens, non plus que chez les hordes de Brennus ou de Vercingétorix, il n'était pas besoin d'exciter beaucoup les instincts de guerre : le courage jamais ne peut faire défaut aux enfants des Gaules; ce qui leur manque, c'est le bon sens.

Crécy, Poitiers, Azincourt, Waterloo... Quatre grandes défaites! Les plus grandes peut-être qu'ait éprouvées la patrie, et toutes quatre en présence du même ennemi. On se sent porté à réfléchir après un rapprochement semblable.

Lorsque le génie poétique des anciens prend de sa dextre le burin qui personnifie l'Histoire, il indique avec sa gauche, en montrant les siècles qui fuient loin d'elle, que ce passé va lui faire connaître l'avenir.

Les rivalités n'ont-elles donc pas, dans tous les temps, engendré les haines nationales; et ces haines, est-ce qu'elles n'aboutissent pas toujours à la guerre.

Tous ces protocoles, ces mille et une politesses échangées entre deux peuples qui n'ont pas cessé de se combattre depuis qu'ils se connaissent, rappellent la bataille de Fontenoy, où les Français, au moment du choc décisif, se découvrent et crient : *Messieurs les Anglais, tirez les premiers!* — Ils tirèrent....

---

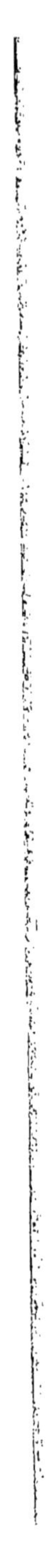

# CRÉCY.

## 1346.

La trompette a jeté le signal des alarmes:
Aux armes! Et l'écho répète au loin: Aux armes!
Dans la plaine soudain les escadrons épars,
Plus prompts que l'Aquilon, fondent de toutes parts,
Et sur les flancs épais des légions mortelles,
S'étendent tout-à-coup comme deux sombres ailes.
On n'entend que le bruit des cent mille soldats,
Marchant comme un seul homme au-devant du trépas,
Le roulement des chars, les coursiers qui hennissent,
Les ordres répétés qui dans l'air retentissent;
Ou le bruit des drapeaux soulevés par les vents,
Qui dans les camps rivaux flottant à plis mouvants,
Tantôt semblent, enflés d'un souffle de victoire,
Vouloir voler d'eux-mêmes au-devant de la gloire,
Et tantôt retombant le long des pavillons,
De leurs funèbres plis couvrir leurs bataillons.

(De Lamartine.)

(Pour les marches, consultez la feuille de Cassini n° 4; ou la carte de l'État-Major, n°s 6 et 7. Pour les positions, voyez l'*Atlas de la Bibliothèque Historique-Militaire.*)

L'inimitié des deux rois qui allumaient la guerre en Europe, avait plus d'une cause, comme l'observe Villani. L'antique rivalité de la France et de l'Angleterre; l'ambition d'Édouard; la saisie faite par le roi de plusieurs villes de la Guienne qu'Édouard réclamait en vain ; la rupture du mariage proposé entre la sœur du roi d'Angleterre et le fils du roi de France ; l'asile que Philippe de Valois donnait à David Bruce, roi d'Écosse, celui qu'Edouard accordait à Robert d'Artois condamné dans son pays ; l'empêchement que Philippe avait apporté au mariage de l'héritier de Bretagne avec le comte de Cornouailles: toutes ces causes rendaient la guerre inévitable.

Il y avait près de trois années que l'on s'y préparait de part et d'autre, lorsqu'enfin Édouard III, les évêques et les princes de l'Empire, mirent par écrit leurs défis à Philippe de Valois, et les lui envoyèrent à Paris par l'évêque de Lincoln. Ces défis étaient leur déclaration de guerre.

Édouard avait déjà soutenu, dans plusieurs de ses écrits, qu'il était roi de France, bien qu'il ne prît pas ce titre ostensiblement. Dès lors, il le fit insérer dans tous ses actes, et il écartela ses armes de France et d'Angleterre.

Il publia un manifeste adressé à tous les pairs, prélats, ducs, comtes, barons, nobles, et aux Communes de France, afin de faire comprendre la légitimité de ses droits. Cependant, plus il essayait d'établir les droits des enfants mâles nés des filles de France, plus il montrait la nullité des siens; car personne n'ignorait l'existence de deux princes nés, comme Edouard, de filles de France, et d'un degré plus près du trône. Il suffisait, pour confondre ses prétentions, d'exposer le tableau de l'arbre généalogique de la famille. Mais il lui fallait un prétexte et non pas des raisons.

Les campagnes ravagées, les villages incendiés, les abbayes pillées, des actes de brigandage, dont Froissart nous a transmis les détails, composent toute l'histoire des débuts de cette guerre.

On se faisait un jeu de brûler les villes, et ce prince, doué de si grandes qualités pour la guerre et pour la politique, Edouard qui se piquait d'être aimable et généreux, disait pourtant en style très ignoble, qu'une guerre sans incendie n'était que du boudin sans moutarde.

Philippe s'approcha de Tournay assiégé par Edouard, et vint se poster entre Lille et Douai, à deux lieues du camp de son ennemi, le harcelant, enlevant ses convois, et l'affaiblissant en détail sans hasarder un engagement sérieux; quoique toute la noblesse française, persuadée que le roi ne laisserait pas prendre cette ville sans livrer bataille, se fût rendue à son camp.

Désespéré de ne pouvoir ni emporter cette place, ni forcer le roi à combattre, Edouard envoya un cartel dans lequel il offrait de se mesurer corps à corps, ou de choisir cent chevaliers de part et d'autre, ou enfin de décider la querelle par une bataille.

Ce cartel, adressé *à Philippe de Valois*, était déjà un triomphe pour lui, et un aveu qu'Edouard ne pouvait prendre Tournay.

Philippe manda au roi d'Angleterre qu'une lettre de sa part étant parvenue quoiqu'elle ne s'adressât pas à sa personne à en juger par la suscription, il n'y répondrait pas. Il lui faisait savoir seulement, qu'informé de son entrée dans le royaume contre la foi jurée, il l'en chasserait.

Philippe n'ajouta point, comme le prétendent Daniel, Villaret et Anquetil, qu'il accepterait cependant son cartel, s'il voulait s'exposer, à jouer dans cette lutte, le royaume de France contre la couronne d'Angleterre.

La réponse du roi nous a été transmise tout entière, et ne peut s'interpréter ainsi. Le continuateur de Nangis, les grandes Chroniques de France, celles de Flandre, celles de Froissart, n'en disent pas un mot. Philippe ne pouvait tenir un tel langage. Edouard propose bien de terminer la querelle par un combat singulier, ou par celui de cent chevaliers, enfin par une bataille ; mais il ne peut ignorer que ce défi n'emporte pas plus le consentement de la nation française que celui de sa propre nation.

Edouard, plus jeune que son adversaire, plus fort, plus leste, plus accoutumé au maniement des armes, eût d'ailleurs accepté sans hésitation l'offre de Philippe : on ne doit donc pas admettre avec M. Henri Martin, que cette réciprocité n'accommodait ni l'un ni l'autre.

Le cartel rejeté, Edouard se vit dans une position assez critique, car son armée dépérissait, et sa réputation se trouvait compromise devant la prudence du roi de France. Il leva le siége de Tournay pour repasser le détroit. S'il n'eût gagné le combat naval de l'Ecluse, sa campagne devenait sans gloire ; elle ne présenta du moins aucun résultat.

On put croire qu'abandonné de ses alliés, éclairé par l'expérience de deux tentatives inutiles, ce prince renonçait à l'idée de conquérir la France. Mais Edouard et Philippe se haïssaient, et si la guerre à des trèves, les passions n'en ont point.

Le roi d'Angleterre venait d'échouer dans son projet d'usurper la Flandre sous le nom de son fils ; il avait perdu Jacques Artwelde à Gand, Montfort en Bretagne, et devait conserver peu d'espoir d'attaquer la France par le Nord. Voyant deux armées pénétrer dans la Guienne, il crut devoir aller défendre lui-même ce grand fief, toujours envié de nos rois.

Il s'embarqua à Southampton sur une flotte de mille voiles, portant quarante mille hommes, avec son fils le prince de Galles et la fleur de la noblesse d'Angleterre. Les vents le contrarièrent, et ses vaisseaux ne purent sortir du canal de la Manche.

Edouard, ayant adopté l'avis que lui donnait Harcourt de descendre en Normandie, où il n'était pas attendu, opéra son débarquement à La Hogue, et s'avança dans le pays, après avoir divisé son armée en trois corps.

Sa flotte enleva les escadres françaises, incendia les vaisseaux dans les ports voisins, et mit en cendres la ville de Cherbourg. Les troupes de terre brûlèrent de leur côté tout ce qui se trouvait sur leur passage. Dans la ville de Caen, Edouard fit prisonnier le comte d'Eu, connétable de France; le comte de Tancarville, chambellan de Normandie; l'évêque de Bayeux, et une grande partie de la noblesse normande qui s'était jetée dans la place pour la défendre.

Il prit aussi Bayeux, brûla Louviers, et

marcha vers Rouen. Philippe de Valois y était accouru, et avait fait rompre les ponts. La Seine y devient trop large et trop profonde, pour qu'une armée puisse la traverser.

Edouard se dirigea sur Paris. Semblable à ces torrents de matière incandescente qui s'élancent des volcans et détruisent tout ce qu'ils rencontrent, il n'épargna pas un village, pas un hameau, pas une habitation. Le meurtre et l'incendie laissaient des traces sinistres de son passage ; et c'est avec une pareille escorte qu'il parvint jusqu'à Poissy.

Le pont sur la Seine était rompu comme les autres. Le roi suivait la marche de son ennemi en cotoyant l'autre rive ; il assemblait aussi vers Saint-Denis les troupes dont il pouvait disposer.

Edouard trouvant toujours le passage de la rivière impraticable, pénètre jusqu'à Saint-Germain. Une partie de son armée se répand même dans le pays Chartrain, au midi de la capitale ; tandis qu'une autre pille ou brûle les villages de Rueil, Nanterre, Saint-Cloud, et ravage les campagnes de l'ouest. Aucun ennemi ne s'était autant approché de Paris depuis que les Capets occupaient le trône.

L'armée que Philippe assemblait, passe la rivière à Paris et vient camper près d'Antoni et du Bourg-la-Reine, à deux lieues sud de la capitale, du même côté de la Seine où Edouard portait ses ravages.

Il est vraisemblable que l'on choisit cette position pour l'empêcher d'attaquer Paris et de poursuivre sa route au-delà de cette ville, ou de continuer à s'étendre dans le pays de Chartres. Le roi lui-même vint à Antoni, persuadé sur de faux rapports qu'Edouard voulait livrer bataille.

Il ne cherchait au contraire qu'à le tromper; car, à peine l'a-t-il attiré de ce côté du fleuve, qu'il lui dérobe deux marches, arrive à Poissy, en rétablit le pont qu'il traverse à la hâte, passe la Seine au-dessous de l'embouchure de l'Oise; en sorte que de là jusqu'en Picardie, il n'a plus à craindre une rivière assez considérable pour arrêter son armée. Il prend aussitôt la route de ce pays.

Cent mille hommes conduits par Philippe suivent sa retraite. Edouard bat les milices des Communes de Picardie qui venaient rejoindre les troupes de France ; il passe dans le Beauvoisis, incendie la ville de Beauvais : la célèbre église de Saint-Lucien, fondée par Clovis, est pillée et devient la proie des flammes.

On pendit par ses ordres un des soldats, auteur de cet acte impie, car Edouard avait ordonné de respecter les églises. Mais quand un roi compare une guerre sans embrâsement à du boudin sans moutarde, il semble bien difficile que les soldats qui lui préparent cet assaisonnement ne le rendent pas plus piquant qu'il ne le désire, et s'arrêtent précisément au point où ce mets doit flatter son goût.

De tels ravages prouvent d'ailleurs qu'il n'espérait pas conquérir la France : on se ménage un peu plus l'affection des peuples, quand on a l'ambition d'en devenir le souverain.

Partout on se rassemblait contre cette armée dévastatrice. Edouard fut forcé de se rapprocher de lamer et de rendre ainsi sa marche plus difficile, car il avoisinait l'embouchure des fleuves, et devait les passer là où ils deviennent plus larges et plus profonds.

Ainsi, les succès d'Edouard n'avaient servi qu'à le mettre dans la situation la plus critique. Pour gagner la Flandre où l'attendait un parti considérable, il lui fallait traverser la Picardie et l'Artois, c'est-à-dire passer au milieu des places françaises, menacé par toutes les forces de la monarchie.

Edouard offrit la liberté aux prisonniers, de l'argent même s'ils lui enseignaient un gué. On lui en indiqua un au-dessous d'Abbeville, si étroit, qu'à peine douze hommes pouvaient y passer de front, encore fallait-il que la marée fût basse. Ce gué s'appelait *Blanquetaque* ou eau blanche ; il se trouvait dans le Ponthieu, petit pays dont Edouard était seigneur.

Douze mille hommes postés sur l'autre rive, gardaient ce passage ; tant il est vrai que Philippe voulait couper la retraite à l'ennemi, et n'avait rien négligé pour y parvenir.

Godemar-Dufaix commandait ce poste. On ne croyait pas sans doute que les Anglais osassent hasarder un combat dans un lieu si restreint, où, pour peu qu'il y eût du temps perdu, ils pouvaient être engloutis par la marée.

Ils se présentèrent cependant. On se battit ; quelques chevaliers les attaquèrent dans la rivière. La nécessité eût seule rendu les Anglais intrépides ; leur audace étonna les troupes qui n'étaient point des soldats, mais des paysans rassemblés à la hâte. Ce gué paraissait tellement impraticable, que Dufaix fut soupçonné de trahison, et que Philippe voulait le faire pendre.

Ayant passé de grand matin, le 25 août, veille de la bataille, Edouard entra dans la plaine qui est au-dessus du village de Port, peut-être encore indécis sur le chemin qu'il prendrait.

Le pays à gauche, du côté de la mer, étant rempli de marais depuis la Somme jusqu'à Montreuil, il aurait fallu passer plusieurs rivières à leur embouchure. En face, on voyait des bois d'une vaste étendue, non moins difficiles à franchir que les marais, et où il eût été imprudent de s'engager. Il se détermina donc pour la droite, qui offre un pays plus accessible.

Edouard traversa le bois de Cantatre et la plaine où sont les villages de Lamotte-Buleux, Haut-Villers, Ouville et Canchy ; de là, longeant à l'est la forêt de Crécy, il vint jusqu'à la petite rivière de la Maye qui prend sa source au village de Fontaine, et passe à une demi-lieue de Crécy.

Le terrain situé entre ces deux points est séparé en deux collines et forme une vallée où coule la rivière qui ne montre encore qu'un filet d'eau. Ces deux collines ont une pente très douce : celle du midi s'élève insensiblement dans l'espace d'un quart de lieue et se reverse de même dans un vallon où la forêt commence ; celle du nord se termine au village de Vadicourt et à celui d'Estrées, peu distants de la Maye.

La position des Anglais était à la gauche de la rivière, non pas directement de l'est à l'ouest mais en biaisant un peu, et s'étendant du sud-est au nord-est, de sorte que le soleil qu'ils avaient à dos, frappait les yeux des Français. La gauche de l'armée anglaise appuyait à la forêt qui, s'étendant sur ses derrières, la garantissait du danger d'être enveloppée. La droite se fortifia sur un terrain coupé de ravins et de haies dont on augmenta les obstacles par des abattis. Edouard en jeta aussi dans quelques endroits sur son front.

L'armée de ce prince fut placée sur trois lignes : la première comprenait huit cents hommes d'armes et deux mille archers rangés en forme de herse sur l'un et l'autre flanc. La seconde était aussi de huit cents hommes d'armes et de douze cents archers.

Edouard qui venait d'armer son fils chevalier, en abordant le rivage de la Normandie, et qui voulait lui donner l'honneur de cette journée, le mit à la tête de la première ligne. La seconde était destinée à le soutenir ; et, se proposant de se porter en personne avec sa troisième ligne là où son secours deviendrait nécessaire, Edouard se posta sur le haut de l'éminence pour être à portée de tout voir.

Il fit reposer ses troupes et leur ordonna de ne point se laisser attirer hors de leurs positions, les assurant qu'elles devaient tout attendre de la témérité française.

Le roi et sa grande armée arrivèrent en effet, ayant suivi Edouard de très près, mais le prompt retour de la marée les empêcha de l'atteindre. Il fallut aller chercher le pont d'Abbeville, ce qui donna quelques heures d'avance à Edouard, et nous voyons qu'il en avait profité pour choisir son champ de bataille.

Il eût été sage de chercher à envelopper Edouard, de l'affamer, plutôt que de le combattre. Mais les priviléges que s'arrogeaient les seigneurs et les Communes de ne rester à l'armée qu'un certain nombre de jours, ne permettaient pas de lenteurs prudentes.

Les Français sortirent d'Abbeville, marchant au pas de course pour atteindre les Anglais. Le roi envoya les reconnaître. Cependant l'armée avait fait six lieues ce jour-là.

Un chevalier du roi de Bohême, qui venait d'examiner la position, conseilla de laisser reposer les troupes, et d'attendre au lendemain, afin d'avoir le temps d'établir un bon ordre de bataille. Le roi approuva cet avis, et envoya dire aux deux maréchaux de France de le faire exécuter.

On arrêta les premières bannières ; mais

celles qui suivaient continuèrent d'avancer. Les troupes qui formaient la tête de la colonne crurent alors qu'il y avait un contre-ordre et se remirent en marche. Ces mouvements incertains portèrent de la confusion dans les bannières ; un orage qui survint l'augmenta.

Le roi accourut en personne ; mais quand il vit les Anglais, la colère le saisit, et il n'eut pas la force de persister dans son dessein.

Le soleil penchait vers le couchant. Ses rayons plus vifs dans une atmosphère épurée après l'orage, éblouissaient, nous l'avons dit, les yeux des Français, et ne nuisaient point à leurs adversaires.

Six mille archers gênois, commandés par un Doria et un Grimaldi, refusèrent de commencer l'attaque avant d'avoir pu mettre en état les cordes de leurs arcs, détendues par la pluie, et ne consentirent définitivement à marcher que sur les ordres les plus pressants. Les Anglais placés à poste fixe, ayant mis leurs arcs à couvert de cette pluie, et s'étant bien reposés derrière leurs retranchements, les repoussèrent.

Le brave, mais inconsidéré comte d'Alençon, qui commandait les troupes et qui n'avait pu juger facilement de la force de la position, ne tenta rien pour attaquer ou même tromper l'ennemi par une manœuvre sur ses flancs ou sur ses derrières. Indigné de la déroute des archers, il résolut de leur marcher sur le ventre avec sa gendarmerie qui se désunit en les écrasant.

Le désordre fut encore augmenté par l'infanterie galloise et irlandaise, rangée derrière la première ligne des gendarmes anglais. Elle passa en avant, fondit sur celle des Français déjà troublée par les fuyards, et ce fut le commencement de la déroute. La confusion devint bientôt si grande, qu'on ne put l'arrêter.

Cependant, le comte d'Alençon et le comte de Flandre, renversant tout ce qui se trouvait devant eux, poussèrent jusqu'à la gendarmerie anglaise. Le roi, qui voyait leurs bannières, voulait les rejoindre ; mais il se trouvait arrêté par les fossés et les abattis que défendaient les archers.

Le comte d'Alençon assaillit les Anglais avec une telle violence, que Warwick et Harcourt, qui commandaient la première ligne où se trouvait le prince de Galles, craignirent qu'elle ne fût enfoncée, et envoyèrent prévenir Edouard qui leur demanda si son fils était mort. Comme on lui dit qu'il vivait encore :
— Qu'il gagne ses éperons, répondit-il.

Nous avons vu qu'Edouard, ne pouvant, à cause de la petitesse de son front de bataille, étendre convenablement ses troupes, avait pris le parti de les former sur trois lignes. La seconde protégea efficacement le désordre que l'impétueux comte d'Alençon avait porté dans la première ; et s'avançant pour la soutenir, chargea de front et en flanc ces téméraires chevaliers.

Ceux-ci entraînèrent dans leur déroute la plus grande partie de l'armée, composée des Communes qui arrivaient d'Abbeville en toute hâte ; car elles apprirent qu'on avait joint l'ennemi, et elles voulaient partager l'honneur de sa défaite.

Philippe de Valois fut enveloppé ; il n'avait pas soixante hommes autour de lui pour sa défense. Son cheval ayant été tué, on s'empressa de lui en donner un autre. Mais le roi s'obstinait toujours à combattre, quelque chose qu'on pût lui dire, lorsque Jean de Hainaut saisit la bride de son cheval et l'entraîna.

Il faisait nuit depuis plus de deux heures, et l'on combattait encore. Le roi se retira au château de la Broie, sur la rivière d'Authie, accompagné seulement de cinq barons : Jean de Hainaut, Montmorency, Beaujeu, d'Aubigny et

Montfort. — *Ouvrez*, dit-il au châtelain, *c'est la fortune de la France* (a).

Maître du champ de bataille, Edouard ne s'abandonna pas à la poursuite des vaincus, et demeura deux jours dans ses lignes. L'armée qui fuyait était encore nombreuse ; il craignait un retour dangereux.

Le lendemain de la bataille, les Communes de Rouen et de Beauvais, qui cherchaient à joindre l'armée, arrivèrent sur le terrain où l'on s'était battu la veille ; elles furent massacrées par les vainqueurs. L'archevêque de Rouen et le grand-prieur de France qui les conduisaient y périrent.

Edouard envoya des chevaliers et des hérauts pour reconnaître les armoiries, et savoir quels seigneurs avaient perdu la vie dans ces deux combats. Ils lui rapportèrent qu'on trouvait parmi les morts un roi, onze princes, douze cents chevaliers et quatre-vingts seigneurs bannerets.

Ce roi était Jean de Bohême, beau-père du duc de Normandie, l'homme le plus actif et le

---

(a) Les dernières éditions de Froissart portent : *C'est l'infortuné Roi de France.* Nous croyons la première version bien plus conforme au génie de l'époque, et même au caractère de Philippe de Valois.

plus ambitieux de l'Europe. L'âge et la cécité ne l'avaient dégoûté ni de ses prétentions ni de son amour pour les combats. Aveugle, et ne pouvant basarder un pas sans s'égarer, on avait attaché son cheval entre les chevaux de deux chevaliers qui lui servirent de guides pendant cette bataille, et qui avaient ordre de le conduire là où il y aurait à faire un beau coup d'épée. Il périt avec ses deux conducteurs.

Son fils, Charles de Luxembourg, qui devint depuis empereur, était alors roi des Romains, et assistait aussi à la bataille : il reçut trois blessures.

Les onze pairs qui succombèrent, furent le comte d'Alençon, frère du roi, dont la bravoure si peu raisonnée avait beaucoup contribué à engager l'action ; le comte de Blois, neveu du roi et frère de ce Charles de Blois qui disputait la Bretagne à la comtesse de Montfort ; le comte de Flandre, Louis de Nevers, qui survécut peu à Jacques Artwelde ; Louis de la Cerda, amiral de France et roi titulaire des îles Fortunées ; Raoul, duc de Lorraine, dont le père avait péri à Cassel, et qui eut son grand-père prisonnier à Courtray ; les deux comtes de Sancerre et d'Auxerre, les chefs des Gênois Grimaldi et Doria y périrent aussi. Geoffroy d'Harcourt, qui avait conseillé à

Édouard cette grande incursion, trouva parmi les morts son propre frère, Jean comte d'Harcourt, et son neveu d'Aumale. On y découvrit encore Jean d'Amboise, dont les fils et les arrière-petits-fils devaient acquérir plus de célébrité.

La bataille de Courtray, sous Philippe-le-Bel, n'avait pas été si funeste. La France perdit trente mille hommes à la journée de Crécy.

Villani dit qu'Edouard se servit de canons à cette bataille. Froissart, et le moine continuateur de Nangis, n'en parlent pas. Daniel Villaret, le président Hénault, plusieurs autres historiens, citant un passage d'un registre de la chambre des comptes, tendent à faire croire que dès 1338 on faisait usage de canons en France, ce qui semble très peu vraisemblable. Il se pourrait cependant qu'on en eût placé sur quelques remparts, mais il est difficile d'admettre qu'on pût les utiliser dans les batailles. On n'avait point encore trouvé les affûts roulants.

Le canon est une invention de l'Inde ou de la Chine. Les Arabes l'ont fait connaître à l'Europe. Ils s'en servirent en Espagne pour défendre la ville d'Algésiras contre les Castillans, en 1344. Il vint à ce siége des chevaliers Français, Anglais, Navarrais. C'est la première fois qu'ils virent du canon, et que l'histoire en parle.

Ce canon faisait peu d'effet, et Algésiras fut pris par les Castillans qui n'en avaient point. Comme on le couchait par terre en élevant la bouche sur une pierre ou sur une poutre, on ne pouvait pointer, et la plupart des coups ne portaient pas. C'était, on peut le supposer, un auxiliaire plus embarrassant qu'utile.

Malgré la supériorité des armes à feu sur celles qui les précédèrent, il devait s'écouler bien du temps encore, avant qu'elles fussent devenues d'un usage facile. Les inventions se perfectionnent lentement.

Les Anglais ont toujours été soigneux de s'approprier les découvertes des étrangers. Il est possible que les chevaliers anglais qui vinrent au siége d'Algésiras, aient acheté quelques canons et qu'Édouard en traînât trois dans son armée; mais il faudrait se montrer bien peu clairvoyant pour ne pas comprendre qu'ils ne concoururent en rien aux succès de ce prince. Nous ne voyons point paraître de canons à la bataille d'Azincourt livrée soixante-neuf ans plus tard.

Avec quarante mille hommes, Édouard en défit plus de quatre-vingt mille. Il fut assez grand pour ne pas trop présumer de sa victoire, et pour ne se point abandonner à l'espoir de conquérir la France. Il continua de s'approcher de la frontière, et posa son camp devant Calais.

La sagesse d'Édouard est d'autant plus frappante qu'il vit Philippe faire de vains efforts pour rassembler ses troupes éparses. Malgré les instances du roi, les barons alléguant qu'ils avaient servi le temps voulu par les lois féodales, se retirèrent dans leurs châteaux.

A force de ressources ruineuses, Philippe parvint à mettre sur pied une nouvelle armée, et se dirigea vers Calais. Mais ne pouvant ni faire accepter la bataille à Édouard, ni affamer les Anglais, ni ravitailler la place, il leva son camp et s'éloigna de la mer.

Les malheureux Calaisiens qui, du haut de leurs tours, voyaient cette retraite, perdirent tout espoir. La famine les tourmentait, ils avaient mangé les chevaux, les rats, les animaux les plus immondes ; ils demandèrent à capituler.

Edouard exigea que six d'entre eux parussent devant lui, la corde au cou.

Froissart nous apprend que Jean de Vienne, qui commandait la place, fit assembler les habitants et les instruisit à quelles conditions Edouard leur accordait la vie ; qu'Eustache de

Saint-Pierre, le plus riche bourgeois de Calais, se dévoua volontairement ; que d'Aire suivit son exemple ; que Jacques de Wissant, Pierre de Wissant, son frère, et deux autres bourgeois qu'il ne nomme pas, se mirent comme eux à la disposition de Jean de Vienne ; et qu'on les conduisit entre les portes de la ville, où Manny (a) les attendait pour les présenter à Edouard.

Il sollicita leur grâce et fit valoir leur dévouement. La reine d'Angleterre, devenue enceinte depuis son arrivée au camp, et sur le point d'accoucher, appuya la demande de Manny ; Édouard se laissa fléchir. Il était assez dans son caractère de prendre des résolutions sanglantes, et de céder aux sollicitations; c'était se faire aimer après s'être fait craindre.

Le chroniqueur, nous venons de le voir, ne nomme pas les deux dernières personnes qui se présentèrent; il en fait connaître quatre et ajoute : « plus le cinquième, plus le sixième. » On a déploré avec raison une pareille négligence ; elle frappe cruellement deux illustres citoyens.

Les noms omis par Froissart se trouvent cités dans une relation du siége imprimée à

---

(a) Les historiens français écrivent Mauny ; c'est une inadvertance. Voyez l'*Histoire du baronage d'Angleterre*.

Calais même. Cette relation nomme Eustache de Saint-Pierre ; Jean d'Aire, cousin d'Eustache ; Jacques et Pierre de Wissant, frères ; Louis de Lende; et Gaspard de Sainte-Colombe. L'auteur de cette légende prétend l'avoir puisée dans un journal du siége de Calais, écrit par Matthieu Coruvin, secrétaire du comte d'Herby.

Mais comme on ne peut trouver le journal de Matthieu Coruvin ; que d'autre part le titre de chevalier dont se couvrent les nouveaux personnages forme une contradiction manifeste avec Froissart que l'on suit par habitude, les historiens ont passé sur ce volume dont l'origine n'offre d'ailleurs aucune garantie d'authenticité.

Froissart est très précis en effet sur ce point. Édouard répondant à ceux qui sollicitent sa clémence, leur dit : « Seigneurs, je ne veuil mie estre tout seul contre vous tous. Sire Gauthier, vous direz au capitaine de Calais, que la plus grande grâce qu'il pourra trouver en moi, c'est qu'ils se partent de la ville six des plus notables bourgeois, les chefs tous nuds et tous déchaussés, les hars au col, et les clefs de la ville et du chastel en leurs mains. »

Et lorsque ces grands citoyens se présentent devant le roi d'Angleterre, Eustache de Saint-

Pierre s'exprime ainsi dans le discours que l'on suppose avoir été prononcé par lui au nom de ses compagnons de gloire : « Gentil sire roy, vous véez nous six qui avons été bourgeois de Calais et grands marchands. »

Mais Froissart n'est pas le seul qui nous donne des détails sur ce siége mémorable. Villani, auteur contemporain, historien impartial et dont les annales inspirent de la confiance, prétend qu'Edouard accorda la vie aux étrangers (il désigne ainsi la garnison), exigeant ensuite que tous les habitants vinssent la corde au cou se mettre à sa merci.

On trouve encore des renseignements dans les Chroniques de Flandre. Si celle que nous fait connaître Denis Sauvage semble se rapprocher du récit de Froissart, puisqu'on y voit que « par convent, six des bourgeois de la ville allèrent au roy Edouard en leurs draps, linges, deffulés et déchaus, la hart au col; » les fragments d'un autre écrit du XIVe siècle, imprimés au *Panthéon Littéraire*, viennent appuyer la narration de Villani. Il y est dit, comme dans l'auteur Florentin, que la première idée du roi fut de mettre à mort tous les habitants de Calais. On voit paraître devant Edouard, en définitive, six gentilshommes, quatre bourgeois et quatre marins. Ici, au reste, comme dans Froissart et chez les autres chroniqueurs, « la reyne d'Engleterre, bonne dame piteuse et sage, en eut moult grand pitié, s'y prya et supplia tant au roy son seigneur et mary, qu'il les respita de la mort. »

Un document de l'époque, non moins curieux, est le manuscrit conservé à la Bibliothèque de Saint-Omer, sous le titre de *Prosécution* (suite) *de l'Histoire de Sigiers, abbé.* Cette chronique désigne huit personnes, quatre bourgeois et quatre chevaliers, qui allèrent offrir leur vie à Edouard.

« Adont furent présents (présentés) IIII chevaliers et IIII bourgeois par les consilliers du roy d'Engleterre, liquel se virent présenter devant le roy. Cascun chir une épée nue en main, et cascun bourgeois une corde en son brach. Quant venu furent devant le roy, à genouls se mirent, et puis li dirent que pour eaux et pour tous chieux de la ville se venoient rendre à lui comme cheux de qui il pooit faire sa franke volonté. »

Ainsi raconte la chronique de Saint-Omer. Il est certain qu'il y avait des chevaliers dans la place. Il s'y trouvait aussi des gendarmes, quoique la bourgeoisie composât en ce temps la principale force de la ville.

Le récit de Froissart pourrait donc être,

sans doute, modifié ou complété. Mais essayer de le rendre suspect, ainsi que le fait le célèbre historien Hume, en s'appuyant sur une preuve négative, comme celle qu'il tire du silence de Robert Avesbury, c'est trop montrer l'esprit national qui se sent blessé par la conduite injuste du roi d'Angleterre.

Quant à ces écrivains français qui n'ont pas craint d'employer tout ce que l'argumentation la plus subtile offre de ressources, non dans le but d'éclairer, mais uniquement mus au contraire par le désir de déchirer et même de salir cette belle page de notre histoire, nous leur dirons que le fait principal, ce dévouement de quelques habitants de Calais qui, sur les traces d'Eustache de Saint-Pierre, marchent volontairement à la mort pour racheter la vie de leurs concitoyens, se dégage ici d'un tel accord de témoignages authentiques, qu'il ne laisse aucune prise à l'incertitude. Contre ces discoureurs, si on les tient d'ailleurs pour des hommes sérieux et d'étude, au lieu d'opposer des preuves à des conjectures, mieux vaut approuver César en son silence, lorsqu'il se couvre de son manteau.

---

# POITIERS.

## 1356.

Quoi ! c'était une armée, et ce n'est plus qu'une ombre !
(VICTOR HUGO.)

(Pour les marches, consultez la feuille de Cassini, nº 67, ou la carte de l'État-Major nºs 132 et 143. Pour les positions, voyez l'Atlas cité ci-dessus.)

Que le roi Jean soit monté sur le trône à l'âge de quarante ans, comme l'assurent la plupart des historiens ; ou à trente ans, ainsi que le prétendent d'habiles chronologistes, il n'en résulte pas moins qu'il était dans toute la vigueur de l'âge, et pouvait avoir déjà une assez juste idée des affaires : il commanda plusieurs fois des armées; il prit souvent part au conseil.

Son gouvernement fut à la fois faible et dur. Le roi Jean, tantôt trop sévère et tantôt trop indulgent, passait de l'extrême confiance à une méfiance outrageante. Il se vantait d'être de bonne foi, et agit dans plusieurs circonstances avec une profonde dissimulation.

Il semble qu'il connut peu les hommes, ou

que les hommes n'osassent compter sur lui. On le regarda comme honnête, et sa conduite paraissait franche, quand on la comparait à la politique d'Edouard, et à la fourberie du roi de Navarre, Charles-le-Mauvais. Cependant, ces deux princes savaient mieux s'attacher leurs partisans.

Le roi Jean fit trancher la tête, sans forme de procès, au comte d'Harcourt, aux seigneurs de Graville, de Maubué, et à l'écuyer Doublet, attachés au roi de Navarre, les accusant d'avoir signé un traité avec Edouard, pour l'aider à envahir la France.

Philippe, comte de Longueville, et Geoffroy d'Harcourt, lèvent aussitôt des troupes et s'allient aux Anglais pour venger leur frère et leur neveu. Ils ravagent les campagnes, et empêchent que le roi ne puisse confisquer les terres de Charles-le-Mauvais, qu'il voulait saisir une seconde fois. Ainsi, Jean toujours violent et toujours faible, tenait une conduite qui fait ordinairement déposer les rois.

Pour pallier l'odieux de cet acte de violence, il assurait avoir entre les mains des lettres du roi de Navarre et du comte d'Harcourt, qui prouvaient les intelligences de ces seigneurs avec Edouard. Alors, pourquoi ne pas les mettre en jugement?

Edouard publia un manifeste adressé au pape, à l'empereur, aux rois, aux princes, aux peuples; il donne dans ce manifeste un démenti au roi Jean, et le défie de produire ces lettres. Il proteste que le roi de Navarre n'a jamais fait de traité avec lui, et que ce prince, au contraire, l'a toujours regardé comme son ennemi.

Cependant, Edouard avait traité plusieurs fois avec Charles-le-Mauvais; et, dans le *Recueil des Actes de Rymer,* où nous trouvons ce manifeste, je vois plusieurs traités antérieurs passés entre ces deux rois.

Le duc de Lancastre joignait déjà, en Normandie, les troupes anglaises aux troupes navarraises, et aux gentilshommes normands que la violence du roi avait révoltés. Le roi s'oppose d'abord aux dévastations qu'ils commettent; quelques villes sont prises et reprises.

Le prince de Galles, qu'on appelait *le Prince Noir*, à cause de la couleur de son armure, de son aigrette et de son panache, parcourait en vainqueur les provinces limitrophes de la Guienne. Il mit à contribution l'Auvergne, le Limousin, le Berri : il ne put prendre les villes fortes d'Issoudun et de Bourges qu'il tenta en vain d'emporter d'assaut. Il s'approcha de la Touraine dans le dessein de joindre le duc de Lancastre qui pénétrait de la Normandie dans le Perche.

La France courait un danger éminent. Le roi faisait garder avec soin les passages de la Loire, de peur que ces deux armées ne réunissent leurs forces. Il assemblait des troupes à Chartres, et convoquait toute la noblesse. Après avoir nommé son fils lieutenant-général de la langue d'Oyl, il marcha contre le prince de Galles.

Dix ans s'étaient écoulés depuis la fatale journée de Crécy.

Les Anglais choisirent, comme ils l'avaient fait à cette époque, un terrain avantageux, et se postèrent auprès de Poitiers, dans un lieu où l'on ne pouvait les joindre que par un défilé bordé de haies ; ils garnirent ces haies de leur infanterie, et mirent la cavalerie au fond du défilé.

Le roi Jean s'étant arrêté dans les champs de Maupertuis, demanda l'avis du seigneur Eustache de Ribemont ; car les plus sages de son conseil regardaient l'attaque comme très dangereuse. Il répondit qu'il ne voyait qu'un moyen de réussir, à cause de la nature du poste que les ennemis occupaient; qu'on devait faire mettre pied à terre à la cavalerie, excepté à trois cents gendarmes des plus braves, des plus vigoureux et des mieux armés, qui entreraient à cheval dans le défilé pour essuyer la première charge et rompre ensuite la gendarmerie anglaise ; qu'après cette attaque, les gendarmes à pied, dont ils seraient suivis, donneraient l'épée à la main sur le gros de l'armée.

Annibal, à la bataille de Cannes, voyant les chevaliers romains mettre pied à terre, dit qu'il les aimait autant ainsi que si on les lui livrait pieds et poings liés. Ce grand homme de guerre voulait indiquer que la force de la cavalerie réside dans la mobilité qu'elle peut imprimer à ses mouvements, et surtout dans l'unité d'un choc rapide. On se demande quels services allaient rendre, à pied, ces combattants encerclés dans une armure de fer.

Cet Eustache de Ribemont, qui donnait un si beau conseil, était l'homme à la mode de son temps, et avait eu l'honneur de désarçonner Edouard dans une action qui se passa aux portes de Calais, où il resta prisonnier. Le monarque le traita avec beaucoup de distinction, et lui mit au cou une chaîne d'or. Mais il paraît trop clairement que la capacité de ce messire, comme celle de tous nos braves paladins, ne s'étendait pas au-delà d'un coup de lance.

Quoi qu'il en soit, le plan d'attaque étant approuvé du roi, les gendarmes choisis prirent la tête de l'avant-garde. Le reste des troupes se mit à pied, excepté quelques Allemands, en cas que dans la suite de l'action, on eût besoin de cavalerie.

Le connétable et les maréchaux avaient partagé l'armée en trois batailles, comme on disait alors, chacune de seize mille hommes. Le premier corps, le plus avancé vers le camp ennemi, était commandé par le duc d'Orléans, frère du roi ; au second, un peu plus reculé vers la gauche, on voyait le Dauphin, ainsi que les deux princes Louis et Jean ses frères ; le roi se plaça en tête du troisième corps, qui était comme une réserve, avec Philippe, son quatrième fils, qui n'avait encore que quatorze ou quinze ans.

L'attaque ne fut pas heureuse. Les archers qui bordaient les haies des défilés, et ceux du front de l'armée anglaise, firent de si terribles décharges sur ces trois cents gendarmes, qu'en très peu de temps ce défilé fut bouché par les corps des hommes et des chevaux.

Ceux qui avaient passé malgré les flèches, marchaient fièrement aux ennemis, lorsque Jean d'Andelée, l'un des généraux anglais, vint fondre, à la tête d'un gros de cavalerie, sur les Français et les rompit.

Des deux maréchaux d'Andrehen et Clermont, quiconduisaientlesgendarmesde France, le premier demeura prisonnier et le second fut tué. Le reste périt dans le défilé par les flèches des archers qui tiraient de fort près.

Les gendarmes à pied, placés pour soutenir les autres, ne pouvant avancer, plièrent et vinrent pêle-mêle se réfugier dans le corps du Dauphin en y annonçant la mort d'un des maréchaux et la prise de l'autre.

La consternation se répandit dans tous les rangs. Mais sur ces entrefaites, six cents cavaliers anglais, qui avaient coulé le long d'une colline, vinrent fondre sur cette seconde ligne et achevèrent sa déroute.

Cependant le corps de réserve n'avait pas été entraîné dans le désordre, et il est probable que, sans la maladresse que l'on commit en laissant à pied les gendarmes, le roi, dont la présence et le grand courage animaient tant de braves chevaliers, eût résisté à l'attaque dirigée contre lui par le prince de Galles et Chandos.

En effet, malgré la honteuse défaite de la plus grande partie de l'armée, le nombre des combattants se présentait encore supérieur de notre côté, et les troupes qui fuyaient en désordre pouvaient se rallier, au moindre signal de résistance, autour de l'étendard royal.

Mais les hommes d'armes du prince de

Galles, qui s'étaient mis à pied pour attendre les assaillants dans le défilé, remontèrent à cheval et chargèrent avec tant d'impétuosité les Français démontés, qu'ils les culbutèrent et les écrasèrent. Le roi, refusant de quitter le champ de bataille, fut pris avec son fils Philippe, après avoir fait des prodiges de valeur.

Cette journée coûta environ six mille hommes à la France, et ces six mille hommes étaient l'élite de la nation. La plupart des princes et des seigneurs qui périrent, combattaient auprès du roi.

Parmi les morts, se trouvèrent le maréchal de Clermont; Pierre, duc de Bourbon; Robert Duras; le duc d'Athènes; et Geoffroy de Charny, qui portait la bannière de France et la serrait encore en expirant. Dix-sept comtes et plus de huit cents barons et chevaliers, couverts de blessures, furent faits prisonniers.

A Poitiers, le roi Jean avait une armée de cinquante mille hommes, et le prince de Galles ne pouvait lui en opposer que huit à neuf mille! On voit pourquoi les cinquante mille hommes furent battus, malgré cette énorme disproportion.

Notre mauvaise ordonnance à Crécy, et les malheurs qui s'ensuivirent, n'avaient amené aucune réforme avantageuse : l'expérience du passé paraissant tout-à-fait inutile à cette noblesse, très brave sans doute, mais incapable de comprendre les règles de la tactique, et surtout de s'y soumettre. Nous allons voir si les mêmes fautes, la même insouciance, on peut dire la même folie, n'ont pas décidé le résultat de la bataille d'Azincourt.

C'est en vain que l'on cherche les progrès que fit l'Etat ou l'esprit humain sous le règne de ce roi Jean, dit le Bon ; on ne trouve que pertes et désastres.

Le royaume fut considérablement resserré par la cession en toute propriété de la Guienne, de la Gascogne, du Ponthieu, du Poitou, de l'Aunis, de la Saintonge et des îles voisines.

La guerre, la famine, la peste, les séditions des villes, le brigandage des Compagnies avaient presque anéanti la population ; la Jacquerie détruisit une grande partie de la noblesse dans les provinces du Nord. Beaucoup de villes avaient été brûlées; on les pilla, on les rançonna presque toutes. On vit les hameaux ravagés, les châteaux renversés, les églises profanées et souvent abattues.

Les mutations des monnaies, au lieu d'acquitter les dettes et de subvenir aux besoins de l'Etat, ne produisirent que le mécontentement général et le renversement de toutes les fortunes.

Ce règne est encore une de ces époques mémorables où la race sans propriété s'arme contre celle qui possède. Les Compagnies étaient, au fond, la même chose que la Jacquerie. Les Jacques se dirigeaient particulièrement contre les nobles propriétaires, et les Compagnies contre tous les riches titrés ou non titrés, bourgeois ou manants. C'était toujours la lutte de la misère contre la richesse.

Cette lutte est la grande maladie du corps social : maladie convulsive qui attaque souvent le corps politique, et se développe aussitôt qu'il ne suit pas un régime sage. Elle prend toutes les formes, tous les caractères ; les symptômes en sont d'autant plus trompeurs, qu'ils paraissent annoncer un renouvellement de force et de santé.

Les historiens n'ont pas assez averti les hommes politiques des dangers de cette maladie, parce que les convulsions qu'elle fait éprouver aux Etats ne sont guère arrivées que dans des temps où l'on n'observait pas.

Cependant Aristote enseignait que le corps social n'a été constitué par l'espèce humaine que pour le maintien des propriétés ; que leur conservation est et doit être l'objet de toutes les lois ; qu'elles ne peuvent avoir d'autre but.

C'est ce qui a fait dire à un écrivain moderne que les lois sont nuisibles à ceux qui n'ont point de propriété ; et c'est ce qui doit apprendre aux souverains et aux magistrats que toute puissance se perd , lorsqu'elle n'est pas conservatrice des choses et protectrice des personnes.

---

# AZINCOURT.

## 1415.

Ainsi, quand tourmentés d'une impuissante rage,
Les soldats de Bedfort, grossis par leurs succès,
Menaçaient d'un prochain naufrage
Le royaume et le nom français,
Une femme, arrêtant ces bandes formidables,
Se montra dans nos champs de leur foule inondés,
Et ce torrent vainqueur expira dans les sables
Que naguère il couvrait de ses flots débordés.

(Casimir Delavigne.)

(Pour les marches, consultez les feuilles de Cassini, nos 4 et 5; ou la carte de l'État-Major no 7. Pour les positions, voyez l'Atlas cité ci-dessus.)

Le règne de Charles VI vit se renouveler les prétentions élevées par Edouard sur la couronne de Philippe de Valois.

Ce fut le duc d'York qui, sous prétexte d'un mariage entre la fille du roi et son neveu Henri V, vint demander au conseil la couronne de France. Il fallait que la nation fût bien avilie aux yeux de l'étranger, pour qu'on osât lui faire une telle proposition.

Cette demande étant inadmissible, l'ambassadeur proposa l'exécution du traité de Brétigny, lequel, fait sous les règnes du roi Jean et d'Edouard III, avait été violé par les rois de France et d'Angleterre, et contredit même par vingt traités.

Le duc d'York demandait encore que l'on cédât à Henri V la Normandie, le Maine, l'Anjou, la moitié de la Provence, l'hommage de la Bretagne, de la Flandre ; et que l'on donnât deux millions de dot à Catherine.

Il paraît que Henri par de telles propositions voulait engager la France à lui déclarer la guerre, afin que son parlement ne lui refusât pas de subsides.

Ce qui montre le misérable état auquel la nation était réduite, c'est que malgré l'impétuosité française, on ne lui répond point par une déclaration de guerre ; on dispute sur ses réclamations, et on offre la moitié de la Guienne.

On lui représenta que la Provence, ne faisant point partie du royaume, appartenait au duc d'Anjou, roi titulaire de Sicile, auquel l'autre maison d'Anjou, qui régnait en effet à Naples, en disputait la possession.

Il est curieux de voir sur quels arguments se fondaient les prétentions de Henri V.

Il était d'origine française et descendait de père en fils des comtes d'Anjou Plantagenet, maison aussi ancienne que celle des Capets.

Henri II, de la maison des Plantagenets, héritier par sa mère de la Normandie et de l'Angleterre, avait épousé Eléonore, duchesse de Guienne; son fils, Jean-sans-Terre, se maria avec Isabelle, comtesse d'Angoulême; son petit-fils Henri III, à Eléonore de Provence; son arrière-petit-fils, Edouard Ier, à Eléonore, héritière du comté de Ponthieu; son quatrième descendant, Edouard II, à Isabelle, fille de Philippe-le-Bel; son cinquième descendant, Edouard III, à Philippine de Hainaut, fille de Jeanne de Valois, sœur du roi Philippe de Valois: Henri V était arrière-petit-fils d'Edouard III et le huitième descendant en ligne directe et masculine de Henri II. On voit qu'il n'avait pour ainsi dire que du sang français dans les veines.

L'Angleterre ayant été portée par un mariage dans sa maison, il prétendait que la couronne de France y entrait aussi par le mariage d'Isabelle avec Edouard II, son cinquième ascendant; il voulait réunir au même titre tous les fiefs que ses grand'mères avaient possédés en France, et se flattait qu'un nouvel hymen allait cimenter ses prétentions.

Les circonstances, d'ailleurs, paraissaient favorables. L'épuisement de la nation, écrasée sous des guerres intestines et des taxes onéreuses ; la démence du roi ; la faiblesse de l'administration ; les divisions de tous les partis ; l'ambition du dauphin qui le brouillait avec la reine et avec les princes ; le schisme ; le mécontentement général ; l'hommage que les ducs d'Orléans et de Berry, les comtes d'Angoulême, de Vertus, d'Alençon, de Bourbon, lui avaient promis par un traité ; celui que lui rendait dans ce temps-là même le duc de Bourgogne par un autre traité secret ; tout lui persuadait enfin que la France touchait à ce période où les empires s'écroulent, laissant leurs débris à quiconque ose s'en emparer.

Le conseil n'accédant point à des propositions qui lui paraissaient venir d'un roi autant en démence que Charles VI, le duc d'York et sa nombreuse suite s'en retournèrent, non par Calais, mais par le port de Harfleur, dont ils allèrent examiner l'assiette et les fortifications, afin de connaître les moyens de s'en emparer aussitôt que la guerre commencerait ; car elle paraissait inévitable.

En effet, Henri V ayant envoyé son défi au roi, qu'il nommait simplement *Charles de France*, s'embarqua au port de Southampton, et débarqua vers l'embouchure de la Seine dans un havre commode, où depuis on a bâti la ville du Havre-de-Grâce. Elle doit vraisemblablement sa fondation à la descente de ce roi.

Dix jours après son départ d'Angleterre, Henri V parut sous les murs de cette ville de Harfleur, que ses ambassadeurs avaient si bien examinée.

Le connétable d'Albret gardait l'autre rive de la Seine, qui est dans cet endroit trop large et trop profonde pour qu'une armée se hasarde à la traverser. Il ne put s'opposer aux Anglais.

Boucicaut, campé près de Caudebec, se trouvait bien sur la même rive; mais il ne voulait pas attaquer Henri avec une infériorité qui n'eût servi qu'à augmenter l'audace de ses adversaires.

L'Isle-Adam, d'Estouteville, Gaucourt, tous capitaines célèbres; quelques seigneurs et quatre cents hommes d'armes se jetèrent dans Harfleur, résolus de défendre cette ville contre six mille hommes d'armes et vingt-quatre mille archers. Les munitions manquaient dans la place. L'usage du canon devenant plus fréquent, rendait la poudre indispensable; la garnison continua de se défendre, quoique les Anglais eussent arrêté les convois qu'on lui envoyait.

Cette belle conduite rendit à la France le plus éminent service, car elle paralysa Henri V pendant un mois, et donna le temps au conseil d'assembler des troupes. Elles n'étaient pas encore arrivées en Normandie de toutes les provinces du royaume, lorsque Gaucourt, réduit à capituler, promit de se rendre dans trois jours s'il n'était pas secouru.

Le terme expiré, la garnison sortit prisonnière et sur la parole qu'elle donna de se rendre à Calais si Henri V n'était pas vaincu avant qu'elle y pût arriver. Les riches habitants payèrent une rançon très forte ; les autres furent chassés presque nus.

Ce mois employé à prendre une petite ville montrait assez la difficulté de conquérir la France. Les fatigues, les maladies avaient tellement affaibli l'armée anglaise, qu'elle ne songeait déjà qu'à se retirer.

On était au mois de septembre ; les troupes arrivaient de toutes les provinces. Henri tint conseil pour savoir quel parti l'on devait prendre, et d'abord fit réparer les fortifications de Harfleur.

La flotte anglaise ne se trouvant plus en sûreté, était retournée en Angleterre ; on résolut de se retirer à Calais. Henri était sans doute inquiet sur les moyens d'opérer sa retraite, puisqu'il fit proposer au dauphin, qui commandait l'armée de France, de se battre en duel contre lui, la couronne devant appartenir au vainqueur. Le conseil ne fit aucune réponse.

Il délibérait alors pour savoir à quel parti on confierait la défense du royaume. Le duc de Bourgogne était le plus brave et le plus expérimenté des princes; mais son ambition ne permettait pas de se fier à lui. On le soupçonnait d'avoir des intelligences avec les Anglais. Ses offres furent refusées, et l'on appela les autres princes.

Le connétable d'Albret, le maréchal Boucicaut, s'emparèrent de tous les gués de la Somme pour fermer à l'ennemi les chemins de la Picardie. On avait agi de même contre Edouard III en 1345, soixante-dix années auparavant.

Le roi, le dauphin, le vieux duc de Berry et le conseil, étaient à Rouen.

Henri laissa trois mille hommes de garnison dans Harfleur, et se mit en route pour la Picardie. Il voulut passer la Somme à ce gué de Blanquetaque, qu'Edouard avait franchi avec autant de bonheur que de courage; il le trouva défendu et embarrassé par des pieux.

Quelques historiens français ont dit qu'il se laissa tromper sur de faux renseignements, et qu'un prisonnier lui fit croire que le passage était impraticable. Les historiens anglais assurent le contraire, et l'on peut croire que Henri n'était pas homme à accepter sans examen de telles déclarations.

Son arrière-grand-père fut obligé de suivre le cours de la Somme en descendant de Péquigny à Blanquetaque, Henri le suivit aussi en remontant depuis ce gué. Mais il ne côtoya pas la rivière ; il se jeta dans le Beauvoisis, cacha souvent ses marches, faisant observer la plus exacte discipline, payant bien les vivres qu'on lui fournissait, brûlant les villages qui refusaient de lui en apporter.

Boucicaut le suivit de loin. Henri se rapprocha, passa la rivière près d'Amiens, et arriva par delà Saint-Quentin, non loin des sources de la Somme.

Il est vraisemblable que l'on ne croyait pas que Henri s'enfoncerait si avant dans les terres, sans tenter de forcer l'un des gués connus, et que l'on porta moins d'attention sur les points où la rivière se rapproche de sa source et devient plus accessible.

Dès que Henri eut franchi cette espèce de boulevart au moyen de quelques radeaux formés avec les poutres de maisons que l'on abattit, car les ponts étaient rompus, il hâta sa marche vers Calais. Le connétable d'Albret, Boucicaut, les troupes de France l'entourèrent. d'Albret fit demander au roi si on le laisserait se retirer, ou si on le combattrait.

Henri avait envoyé un héraut d'armes au connétable. Il offrait de rendre Harfleur, de donner de l'argent pour dédommager la France des maux qu'il lui avait causés; et même, dit Smolett, écrivain Anglais, il s'engageait à ne jamais faire la guerre à la France, si on lui laissait continuer sa retraite sur Calais. Le conseil le crut perdu.

On ferait un long chapitre sur les mécomptes qui résultent à la guerre d'une pareille présomption. Inspirer à ses soldats du mépris pour l'ennemi, peut entrer dans les vues d'un général et lui donner quelque avantage ; mais c'est un artifice auquel il doit savoir résister, ou bien il tombe dans le piége qu'il a tendu lui-même. Cette faute fit perdre au comte d'Artois la bataille de Courtray, assez semblable pour les résultats à celle que nous décrivons ici. On répète aussi depuis longtemps et avec raison que loin de réduire à la nécessité de combattre un ennemi qui se retire, il faut lui faire un pont d'or.

La bataille étant résolue, le roi et le dauphin brûlaient de s'y rendre. Le vieux duc de Berry, qui assistait à celle de Poitiers, et qui se rappelait les sages maximes de son frère Charles V, parvint seul à les faire changer de résolution.

Les autres princes, le duc d'Orléans, le comte de Vertus, le comte d'Alençon, le duc de Bourbon, le comte d'Eu, les deux frères même du duc de Bourgogne, le duc de Brabant et le comte de Nevers, ne manquèrent pas d'y courir.

On envoya plusieurs fois offrir la bataille au roi d'Angleterre ; il répondit que depuis son départ du Havre, il ne refusait pas de combattre ; et il continua sa marche.

Enfin, un héraut d'armes vint lui dire qu'on livrerait bataille dans trois jours. — Je l'accepte, répondit-il ; et il lui fit présent d'une robe valant deux cents écus de ce temps-là.

Il se trouvait à peu près dans la même position que son grand-oncle, le prince Noir, sur les champs de bataille de Maupertuis, près de Poitiers ; et c'était aussi celle de son trisaïeul Edouard III, à Crécy, lorsqu'il se vit enveloppé et prêt à se rendre prisonnier pour ne pas périr faute de vivres, si ses ennemis n'avaient pas eu la maladresse et la vanité de le combattre.

On ne peut rien avancer de positif sur les forces

des deux armées. Celle des Français semble considérable. On la fait monter à cent mille hommes ; plusieurs historiens disent même deux cent mille. Il est certain qu'elle présentait un effectif quatre fois au moins plus nombreux que celui des Anglais.

Ces grands rassemblements, faits à la hâte, composaient toujours de mauvaises troupes. Comme elles n'étaient point manœuvrières, elles se nuisaient dans l'action au lieu de se soutenir mutuellement. Et cependant, leur nombre inspirait à tous une confiance aveugle et funeste.

Les princes étaient si sûrs de vaincre, qu'ils jouaient entre eux aux dés leurs prisonniers, et que le jour de la bataille, prêts à commencer l'attaque, ils envoyèrent un héraut d'armes demander à Henri quel serait le prix de sa rançon. Ces choses n'étonnent guère quand on connaît l'indiscrétion de la jeunesse d'alors : beaucoup de chefs croyaient follement que favoriser ces extravagances, c'était doubler le courage.

La veille de la bataille, Henri congédia tous ses prisonniers et leur fit donner leur parole de revenir s'il était vainqueur. Le jour levé, il essaya encore la voie des négociations. Le connétable et le maréchal de Boucicaut désiraient qu'on l'écoutât, afin de ne pas hasarder de perdre, dans une bataille, les avantages qu'il offrait pour obtenir la permission de se retirer. Les princes voulaient combattre.

On fit plus de cinq cents chevaliers. La plupart d'entre eux demandèrent l'accolade à Boucicaut, comme étant l'homme de guerre le plus brave et le plus célèbre de France depuis Clisson et Duguesclin.

Les Français, qui pouvaient s'étendre sur un terrain spacieux, afin de profiter de la supériorité du nombre, et prendre de bonnes dispositions pour envelopper l'ennemi, choisirent un espace étroit, resserré d'un côté par une petite rivière et de l'autre par un bois. C'était dans le comté de Saint-Pol; ils s'établirent à Ruisseauville éloigné de moins d'une lieue de Maisoncelle, où l'armée anglaise s'était postée, occupant aussi quelques villages voisins.

Elle avait pu se mettre à l'abri d'une nuit froide et pluvieuse; car on était à la fin d'octobre, et il faisait froid pour la saison, disent les historiens. La pluie qui survint et ne discontinua qu'au jour, transit les hommes et les chevaux. La terre détrempée formait un marais. L'armée française passa la nuit sur ce terrain.

Henri, qui avait soigneusement étudié les lieux, fit une ligne d'archers, soutenus par ses hommes d'armes; ceux-ci étaient à pied, et leurs chevaux derrière eux. Il composa ensuite deux ailes disposées de même que le corps de bataille. D'un côté, il avait le petit village de Tramecour, au devant duquel il posta deux ou trois cents archers couverts par des haies et des fossés; son autre flanc se trouva de même appuyé par le terrain, et soutenu par des archers. Chacun d'eux était pourvu d'un piquet aiguisé aux deux bouts; il devait le ficher en terre, et s'en faire une palissade contre l'impétuosité de la gendarmerie.

Sans comparer l'effet produit par le trait de ces archers au feu de notre mousqueterie, on doit avouer cependant que l'arme dont ils se servaient, peut encore passer pour meurtrière. Ces anciens arcs, de la hauteur d'homme, tendus par des bras nerveux et exercés dès l'enfance, décochaient des carreaux d'acier contre lesquels il y avait peu d'armures à l'épreuve. Ils offraient cet avantage que l'action de les tendre assujétissait machinalement le soldat à la nécessité d'ajuster; en sorte qu'il y avait peu de coups perdus quand on se trouvait à portée. Avec nos armes, incontestablement supérieures, les soldats tirent trop souvent au hasard. Sur deux cents coups de fusil, disait Lloyd, il y en a un qui porte peut-être.

Henri ayant terminé ses dispositions, fit sentir à ses troupes que leur salut dépendait de la victoire, et qu'elles ne devaient pas s'étonner du grand nombre des ennemis.

L'armée française fut divisée en trois batailles. Il y eut à la première huit mille chevaux; gendarmes, écuyers ou pages rangés par bannières, et les rangs serrés en escadrons. Les archers à cheval furent placés derrière, et les arbalétriers y restèrent sans doute aussi; car il n'en est plus parlé dans l'action.

On joignit à ce premier corps deux petites ailes de huit cents hommes d'armes, qui devaient *férir les Anglais de ce côté.* Cela donnait à croire que le dessein était de les envelopper; mais on reconnaît ensuite qu'on n'en eut même pas l'idée: c'étaient des espèces d'enfants perdus, destinés à essuyer la première grêle des traits et à briser l'ordonnance des ennemis. Le connétable d'Albret, les princes, les plus distingués de la noblesse étaient à la tête de ce premier corps. Le second, aussi nombreux, suivait le premier : on avait mis le reste à l'arrière-garde.

Les Français, marchant à l'ennemi dans cette disposition, se trouvèrent bientôt resserrés par le terrain qui se rétrécissait du côté des Anglais. Déjà ceux-ci avaient exécuté un petit mouvement en avant pour occuper leurs postes; ils replièrent ensuite les ailes, de sorte qu'ils formaient un croissant : les archers fichèrent leurs pieux devant la ligne, la pointe inclinée.

Ce fut Clignet de Brébant, compagnon de Barbazan et amiral de France, qui eut l'honneur de la première charge. Les archers anglais, cachés derrière les haies, commencèrent l'attaque; ceux de la ligne faisant aussi voler leurs traits, le trouble se mit dans notre avant-garde. Cependant elle pénétra jusqu'à ce premier rang. Mais les gendarmes étaient si pressés, qu'à peine ils avaient la liberté des bras pour se servir de leurs armes.

Les archers anglais jetant aussitôt leurs arcs, s'armèrent de l'épée, de la hache et de leurs becs de faucon qui servaient à tirer le gendarme en bas de son cheval. Ils fondirent sur cette bataille et la renversèrent contre la seconde qui s'avançait commandée par le duc d'Alençon pour soutenir le premier corps.

Dix-huit chevaliers français qui s'étaient engagés par un vœu insensé à prendre le roi d'Angleterre, parvinrent jusqu'à lui. Le duc de Glocester, frère de Henri V, combattant auprès du roi, fut renversé par eux. Henri lui-même, frappé en le défendant, tomba sur ses genoux. Mais bientôt les Anglais enveloppèrent et tuèrent ces dix-huit chevaliers ; et ce second corps de bataille fut dispersé comme l'autre.

Le duc d'Alençon, qui le commandait, ne se retira point en voyant ce désordre ; il chercha Henri, tua d'un coup de hache d'armes le duc d'York, et abordant le roi d'Angleterre, abattit un des fleurons de la couronne qui surmontait son cimier. Henri, d'un revers, le frappe à son tour et le jette par terre. Les gardes du roi l'achevèrent aussitôt, quoiqu'il se nommât.

Le troisième corps de bataille, commandé par les comtes de Marle, de Dammartin, de Fauquemberg, n'avait pas encore pris part à la lutte. Il était plus nombreux que l'armée anglaise, et ces troupes fraîches pouvaient accabler des combattants épuisés par la victoire même. Henri députa un héraut d'armes à ce corps déjà épouvanté, et lui fit dire qu'il allait l'écraser s'il ne quittait pas le champ de bataille. Cette menace porta l'effroi dans tous les rangs, et les soldats se dispersèrent d'autant plus vite, que la cavalerie anglaise s'avançait victorieuse et prête à les attaquer.

L'armée française manqua de chefs intelligents. Ils pouvaient faire ouvrir des vides pour donner place aux fuyards de la première et de la seconde ligne. Le front se trouvant débarrassé, ils eussent passé sur le ventre des assaillants, déjà fatigués par deux attaques, et nécessairement désunis. Mais il paraît que presque tous les chefs s'étaient mis à la tête de la première ligne, comptant qu'elle suffirait pour culbuter un ennemi dont le petit nombre leur paraissait méprisable.

Le succès de cette journée fut dû aux seuls archers que la gendarmerie ne fit que soutenir ; à leur bonne disposition, à l'habileté d'un chevalier nommé Thomas Epinghen ; tandis que parmi les généraux français, il ne s'en trouva pas un capable de diriger les troupes de manière à profiter de leur supériorité. Ils avaient trois ou quatre mille arbalétriers dont ils ne firent aucun usage.

Cette infanterie, qui était assez bien réglée pour ce temps-là, aurait dû être employée sur les flancs pour dépister l'ennemi, et soutenir les deux petits corps de gendarmerie qui commencèrent l'attaque. Les escadrons de l'avant-garde pouvaient se ménager quelques intervalles pour n'être pas si serrés, et donner jour aux archers à cheval qui auraient passé en avant. Enfin, on avait encore les troupes des Communes, qu'il fallait employer à gagner les flancs et les derrières de l'ennemi.

Mais on commença par faire mettre pied à

terre aux gendarmes, et l'on peut aisément se représenter ces hommes accablés sous le poids énorme du fer qui les couvre, tellement pressés qu'ils n'ont pas la liberté de leurs mouvements, perdant même l'équilibre sur ce champ détrempé par une longue pluie, et dans lequel ils enfoncent jusqu'aux genoux.

On avait déjà fait beaucoup de prisonniers, lorsque Henri apprit que son camp était attaqué par les Français. Il donna l'ordre de faire passer par les armes tous ceux qui étaient en son pouvoir, et sur le refus de l'armée anglaise, le monarque envoya deux cents archers qui égorgèrent ces malheureux.

Les Français qui attaquaient son camp, n'étaient que des fuyards rassemblés par Robert de Bournonville. Ils espéraient faire quelque gain dans ce pillage, et s'enfuirent à l'approche des Anglais. Henri fit cesser le carnage; mais il avait deshonoré sa victoire (*a*).

---

(*a*) Hume rapporte que le lendemain de la journée de Crécy, les Anglais plantèrent sur une éminence des drapeaux français, et que ceux-ci, trompés par ce faux signe de ralliement, étaient pris et ensuite mis à mort. « Les Français, dit Hume, perdirent beaucoup de monde au moyen de ce stratagème. » Nous pouvons encore admettre que ce fut à l'insu d'Edouard que l'on en vint à cette résolution aussi odieuse qu'inutile le lendemain d'une bataille. Mais à la journée d'Azincourt, c'est bien sur les ordres du roi que l'on massacre les prisonniers qui avaient déposé les armes.

Cette bataille fut aussi malheureuse que celles de Crécy et de Poitiers ; toutefois, on y combattit avec plus de courage. Neuf mille chevaliers, parmi lesquels il y avait cent vingt seigneurs bannerets y perdirent la vie.

On compta parmi les morts huit princes du sang, Français : quatre descendants des rois en ligne masculine et quatre en ligne féminine. Les quatre premiers étaient Jean, duc d'Alençon, dont le grand-père Charles, comte d'Alençon, avait été tué à Crécy ; Antoine, duc de Brabant et Philippe de Nevers, tous deux frères du duc de Bourgogne ; et Louis de Bourbon, seigneur de Préaux, cousin issu de germain du duc de Bourbon ; il ne laissait point d'enfants, mais il avait trois frères. Les quatre descendants par les femmes étaient le connétable qui commandait l'armée, Charles d'Albret, fils de Marguerite de Bourbon ; Edouard, duc de Bar ; son frère Jean; et son neveu, comte de Marle, issu d'une fille du roi Jean.

Henri, comte de Vaudemont, y périt aussi : il était fils de Jean, duc de Lorraine, qui combattit à Poitiers, et frère du duc Charles, qui régnait alors et qui avait assisté aux siéges de Tours et de Bourges ; car dans toutes les batailles données en France, il se versait du sang lorrain.

On compta encore parmi les morts l'amiral de Châtillon ; Heilly, maréchal de France ; Rambure, maître des arbalétriers ; Baqueville, garde de l'Oriflamme, et ses trois fils ; Jean, comte de Croï, avec deux de ses fils, dont l'un venait de le délivrer des prisons du duc d'Orléans ; le seigneur de Montmorency ; Savoisy, qui avait eu une querelle avec l'Université ; Floridas, fils naturel de Robert, dauphin, et d'une femme mariée, le premier bâtard qui, né d'un double adultère, ait obtenu des lettres de légitimité.

De Fiennes, fils du connétable de ce nom, périt encore dans les champs d'Azincourt ; ainsi que le fils de l'assassin de Clisson, Antoine de Craon, dont la maison finit en lui ; Robert de Chabannes, illustre par ses aïeux, et qui brilla davantage encore par ses descendants ; Guillaume de Melun, comte de Tancarville : son père, son grand-père et ses deux oncles avaient été tués à la bataille de Poitiers ; Hugues d'Amboise, dont le père périt à celle de Crécy ; Renaud de Créqui, et son neveu Raoul de Créqui surnommé l'étendard à cause de la foule de drapeaux qu'il avait pris aux ennemis ; Pierre du Terrail, dont le père, à la bataille de Poitiers, avait succombé aux pieds du roi Jean : son fils fut le célèbre Bayard ;

Jean de Béthune, d'une ancienne famille des Pays-Bas, qui eut des descendants plus illustres que ses ancêtres ; l'archevêque de Sens, prélat guerrier et frère du surintendant Montagu ; et Charles Montagu, fils de ce ministre ; Colard de Mailly, et Louis, son fils aîné : un de leurs ancêtres avait concouru, en 1202, à la prise de Constantinople, et un autre suivit Saint Louis en Egypte ; enfin seize gentils hommes, tous de la famille de Beuil, maison issue des anciens comtes de Champagne.

Il n'était point de province dont cette funeste bataille n'eût emporté la fleur : elle mettait en deuil toutes les familles du royaume.

Les Anglais firent prisonniers cinq princes du sang : le duc d'Orléans ; le duc de Bourbon Jean Ier : son grand-père était mort à la bataille de Poitiers ; le comte de Vendôme, frère du comte de La Marche, dont le grand-père avait péri en combattant les *Tard-Venus* ; Charles d'Artois, comte d'Eu, malheureux à la guerre comme tous ses ancêtres ; Arthur de Boulogne, comte de Richemont, qui n'avait encore que vingt-trois ans, remarquable par une stature très petite, une force très grande et un courage plus grand encore : il avait tué quinze Anglais dans cette bataille, et se trouvait enseveli sous un monceau de morts, on le reconnut à sa cotte d'armes semée d'hermine; sa mère, Jeanne de Navarre, douairière de Montfort de Bretagne, et veuve du roi d'Angleterre Henri IV, vivait encore.

Les Anglais prirent aussi le comte d'Harcourt; le maréchal de Boucicaut, célèbre par ses exploits dans presque toute l'Europe, ayant même combattu en Afrique et dans l'Asie; il mourut peu après de ses blessures: Georges de la Trémoille, son oncle, avait été tué à Nicopolis, son père y fut pris et mourut dans l'île de Rhodes. Les Anglais firent plus de quatre mille prisonniers, dont seize cents chevaliers ou écuyers. Henri V, après sa victoire, demanda quel était le château qu'il voyait près de lui. Ayant appris qu'on l'appelait Azincourt: *Ce sera*, dit-il, *le nom de la bataille*. Elle fut donnée le 25 octobre 1415.

La journée de Courtray avait coûté plus de gentilshommes à la France, puisqu'on y releva quatre mille paires d'éperons dorés, et qu'à celle-ci on n'en trouva que trois cents et cent vingt bannières; toutefois, il n'y périt qu'un prince du sang, Robert d'Artois, second du nom. On n'en perdit également qu'un à celle de Poitiers, Pierre, duc de Bourbon; mais le roi Jean resta prisonnier avec un de ses fils et le comte de La Marche.

Cette bataille d'Azincourt fut plus funeste à la famille royale : elle frappa huit princes descendants de rois, et cinq demeurèrent entre les mains du vainqueur.

Elle ressembla, du reste, aux défaites de Crécy et de Poitiers; on y fit les mêmes fautes. Cette bataille fut livrée, je ne dirai pas contre toutes les règles de l'art, je pense que l'on s'en préoccupait fort peu, mais contre les premières notions du sens commun, qui veulent que l'on ne réduise pas à combattre, un ennemi qui ne demande qu'à se retirer, et vous fait d'ailleurs toutes les concessions que l'on pourrait attendre de la victoire. Elle ne procura aux Anglais d'autre avantage que celui de continuer leur marche. Ils se hâtèrent, car les débris de l'armée vaincue pouvaient se rassembler, et Henri n'était pas en état de soutenir une seconde bataille.

Mais ce que les armées ignoraient le plus, c'était l'art de réparer leurs défaites. Seigneurs et vassaux se retiraient dans leurs terres, croyant avoir servi le temps qu'ils devaient à la cause commune, et chacun ne songeait plus qu'à soi.

Cependant Henri, à peine arrivé à Calais, s'embarquait déjà pour l'Angleterre : il était vainqueur, et semblait fugitif. Toutefois il emportait avec lui l'espoir d'augmenter les troubles de la France.

Il ne voulut point accepter le gantelet du duc de Bourgogne, qu'un héraut d'armes lui apporta comme gage du combat demandé pour venger la mort de ses deux frères. Il dit qu'il fallait s'en prendre à Robert Bournonville, dont la conduite méritait d'être punie.

Il paraît par ce défi du duc de Bourgogne, et par la réponse de Henri, que ces deux princes périrent dans le massacre des prisonniers, lorsque Bournonville, avec des fuyards et des paysans, osa piller son camp. Ils prirent les diamants, la couronne et les sceaux de l'Angleterre.

Toutes les maladies qui peuvent attaquer le corps politique et bouleverser le moral de la société se trouvent réunies sous le règne de Charles VI.

La France fut en proie aux trois plus grands fléaux connus: la peste, la famine, et la guerre, quand elle est à la fois intestine et extérieure.

La démence du roi, la tyrannie des princes, la révolte des peuples, les impositions les plus onéreuses, les emprunts forcés, le désordre des finances, l'altération des monnaies, la translation du trône, l'asservissement à une nation étrangère, le schisme divisant le père et le fils, rien ne fut épargné à cette malheureuse génération.

Il ne subsistait plus que la loi fondamentale de la monarchie qui désignait toujours pour roi le premier de la branche aînée de la famille royale, descendant de Hugues Capet de mâle en mâle; loi sage qui, faisant connaître à tous le chef de l'Etat, ne laissait dans l'esprit aucune incertitude, et ralliait à ce chef ceux qui n'avaient d'autre intérêt que le bien du pays.

On ne voit sous ce règne aucun progrès, aucune conquête. Si une faction livre Gênes à la France, une autre en chasse bientôt les Français. Les domaines de plusieurs grandes maisons entrèrent cependant encore dans la famille royale.

La maison de Flandre s'éteignit; un mariage contracté sous Charles VI fit passer ses possessions dans celle de Bourgogne. Une donation mit dans cette maison les domaines de celle de Brabant, de Limbourg et de Luxembourg; enfin un mariage y porta les biens de la maison de Hainaut. Toutes ces acquisitions rendirent la maison de Bourgogne une des plus puissantes de l'Europe, et la plus dangereuse pour la branche aînée de sa propre famille.

La maison des ducs de Bar s'éteignit aussi : un de ses princes fut tué à la bataille de Nicopolis, deux autres à celle d'Azincourt ; elle ne subsistait plus que dans la personne d'un cardinal qui aima mieux, selon les préceptes de l'Evangile, céder son manteau ducal que de le disputer suivant l'esprit du monde, et même aussi quelquefois, on le dit (mais cela se dit tout bas), suivant l'esprit de l'Eglise.

Il en fit don à son petit neveu, René d'Anjou. Ce don enrichit encore la famille royale de la dépouille d'une grande maison ; la confiscation y fit passer, de plus, les biens de la famille de Périgord.

Mais les Capets perdirent sous ce règne la couronne de Hongrie, et presque entièrement celle de Naples, que les deux maisons d'Anjou se disputaient. La couronne de France lui fut à moitié enlevée par l'ancienne maison d'Anjou Plantagenet ; et une bataille malheureuse, une mort, un accident, une simple imprudence, pouvaient lui ravir l'autre moitié.

Ainsi, en politique, on n'éprouvait que des pertes ; comme on n'avait vu dans l'administration que des révoltes et des déprédations. L'agriculture semblait anéantie ; la plupart des villes étaient détruites, et la capitale subissait le joug odieux de l'étranger. Le royaume se trouva dans l'accès d'une des plus fortes crises qu'il eût encore éprouvées.

# WATERLOO.

1815

L'âme tranquille,
Le chef habile
De son asile
Sort dès le matin :
Son œil embrasse
Le vaste espace
Où chaque place
Commande au destin (*a*).

(EUGÈNE DE PRADEL.)

(Consultez pour les marches la feuille de Ferrari n° 13; ou encore la feuille 13 de la carte dite Vandermaelen. Pour les positions, voyez l'Atlas cité ci-dessus.)

On prétend que vers 1820, le duc de Wellington, faisant, à quelque Altesse impériale ou royale, les honneurs de ce lieu funèbre, s'écria d'un air mécontent : « Je ne reconnais plus » mon champ de bataille! »

---

(*a*) Ces vers sont recueillis d'une improvisation magnifique sur la *Bataille de Waterloo*, par M. Eugène de Pradel.

On dit aussi, et le fait m'est confirmé par un témoin, que le lord-duc prononça ces paroles en présence de plusieurs officiers des troupes coalisées : « Vous ignorez peut-être, Messieurs,
» quelle est la meilleure cavalerie de l'Eu-
» rope ? Eh bien, je dois vous avouer que c'est
» celle qui est la plus mal montée de toutes et
» qui a le moins de réputation ; c'est la cava-
» lerie française. Depuis que j'ai eu à soute-
» nir personnellement les efforts de son au-
» dace et de sa persévérance, comme à Water-
» loo, je n'en connais aucune capable de la
» surpasser. »

Si l'histoire doit rejeter avec soin les discours qui, n'ayant jamais été prononcés, ne servent qu'à tromper le lecteur sur l'esprit et le caractère des personnages auxquels on les attribue, elle veut conserver religieusement au contraire les mots qui leur échappent, quand ces mots donnent d'eux-mêmes une grande connaissance, et révèlent les secrets du cœur.

C'était, il faut en convenir, avec un juste orgueil que lord Wellington cherchait sur ce terrain à jamais mémorable, ces positions si bien étudiées qu'elles purent le sauver d'une ruine que Napoléon regardait comme inévitable ; tandis qu'en parlant de la persévérance et de l'audace de la cavalerie française, il avouait comme malgré lui ces angoisses qu'il subit sur ce champ de carnage où il encourut pendant deux heures un tel péril, qu'il dut craindre que le maréchal Blücher, à son arrivée ne trouverait plus un seul homme debout dans toute l'armée anglaise pour le recevoir.

On dit que dans cette supposition même, les Prussiens se présentant en ordre et en nombre supérieur, contre une armée décimée par cette lutte terrible, auraient eu bon marché des Français. Mais la guerre, pour être bien comprise, doit s'examiner sous toutes ses faces ; et, à côté des grandes combinaisons qui décident ordinairement le succès d'une campagne, il faut encore admettre cette stratégie morale que le maréchal de Saxe nommait *le cœur humain* : or, nous demandons ce qu'eût osé tenter, en présence d'un pareil spectacle, l'armée prussienne qui, de l'aveu même de ses écrivains, avait vu plus de vingt-cinq mille des siens hors de combat, deux jours auparavant ?

Vous savez que quinze années de gloire ne purent balancer les désastres de notre campagne de Russie, et comment l'Europe presque entière réunie sous nos aigles, pour soutenir une cause qui devait être celle de tous les peuples du continent, tourna ses armes contre la France, mettant si peu de pudeur dans ses défections, qu'elles se firent jusque dans nos lignes de bataille. L'Empire expira sous les murs de Paris.

Un publiciste moderne, dont les traits sont lancés d'un bras si vigoureux, qu'ils dépassent souvent le but qu'ils devraient atteindre, mais qui n'en demeure pas moins un écrivain du premier ordre, M. Granier de Cassagnac, s'exprimait ainsi naguère au sujet des accusations banales d'ambition militaire et de personnalité politique dont on n'a cessé d'accuser Napoléon Ier.

« Si l'on voulait rechercher ce qu'eurent de sensé, de national, de moral, de légitime, les guerres de Louis XIV, de Louis XV et de Louis XVI, on n'en trouverait peut-être aucune qui pût soutenir le parallèle avec les guerres de l'Empire, sans même en excepter la guerre d'Espagne. On oublie qu'avant d'être empereur ou premier consul, Napoléon était général du Directoire et du comité du Salut Public; et qu'à l'époque où il arriva au pouvoir la France, en guerre avec l'Europe entière, avait déjà vu se dissoudre deux coalitions et échouer trois invasions, Napoléon, étranger aux causes de toutes ces guerres engagées avant lui et sans lui, n'aurait eu ni la liberté ni le pouvoir de répudier l'héritage de la Révolution. Il avait reçu de la Convention les frontières du Rhin, les Pays-Bas et la Hollande; il avait reçu du Directoire la Suisse et l'Italie: toutes les guerres de l'Empire furent la suite logique et obligée de la situation où le premier cousul trouva la France et l'Europe en 1800. »

On pourrait, en remontant nos annales, étendre facilement cette nomenclature, et sans parler ici des Croisades dônt la folie peut se classer dans un autre ordre d'idées, qui ne doit pourtant pas s'effacer devant un parallèle, nous demanderons si ces guerres d'Italie qui commencent sous Charles VIII, ensanglantent notre histoire pendant plus de soixante années, entraînant jusqu'au bon Louis XII, ce Père du peuple, eurent un caractère plus moral que les guerres de l'Empire: si les deux batailles de Marignan et de Pavie, livrées par François Ier, surnommé le père des Lettres, et qui mérite ce titre, malgré les attaques injustes de Rœderer; si ces batailles livrées, non pour défendre le sol sacré de la patrie, mais uniquement pour soutenir une conquête, furent moins funestes que les plus sanglantes batailles de l'Empire.

Cet instinct guerrier qui forme le caractère

distinctif de la nation, semble un héritage que nous avons reçu de nos ancêtres; nous le léguerons à nos descendants.

Une autre banalité qui traîne aussi dans les histoires, est celle qui attribue la chute de l'Empire à l'épuisement de la France.

Les militaires qui ont suivi les opérations de la campagne de 1814 (il en existe encore beaucoup aujourd'hui), savent à quoi tinrent les destinées de cette campagne. Assez de révélations d'ailleurs nous sont venues sur cette époque, et voici comment s'exprime un témoin oculaire non suspect, qui accompagnait les armées coalisées en qualité de commissaire de son gouvernement.

« Les alliés, dit Wilson, se trouvaient dans un cercle vicieux d'où il leur était impossible de se tirer, *si la défection ne fût venue à leur secours*. Ils étaient hors d'état d'assurer leur retraite, et cependant, obligés de s'y déterminer. Cette défection favorable à leur cause, et qui, à ce que l'on croit, était préparée de longue main, fut consommée au moment même où les succès de Bonaparte semblaient hors du pouvoir de la fortune, et le mouvement sur Saint-Dizier qui devait lui assurer l'Empire, le lui fit perdre. »

Wilson dit encore qu'à la suite des événements de Laon et de Reims, il y eut un moment une telle indécision parmi les alliés, qu'elle dégénéra en terreur panique. L'empereur Alexandre fit savoir au prince Schwartzenberg qu'il fallait envoyer un courrier à Châtillon pour qu'on signât le traité de paix que demandait le duc de Vicence.

M. de Beauchamp ajoute au tome II de la relation de cette campagne, que l'anxiété de l'empereur Alexandre fut si grande qu'il disait lui-même que la moitié de sa tête en grisonnait.

Il paraît que l'alarme gagna les équipages de l'empereur d'Autriche. Ce souverain suivant Wilson, fut forcé de s'enfuir avec un gentilhomme et un domestique dans un drowska allemand, ne se croyant en sûreté qu'à Dijon, où il resta trente heures réellement prisonnier.

Il est certain qu'en abandonnant leurs lignes d'opérations pour entasser des forces au centre de la France, les coalisés avaient commis une faute militaire que la conquête de Paris ne pouvait pas par elle-même compenser. Si Napoléon repasse la Loire, il va s'appuyer sur les armées du Rhône, des Pyrénées et de l'Aveyron; rallier à lui les dépôts de l'intérieur; et il se présente encore avec une armée de plus de cent mille hommes.

Mais on voulait protéger une conspiration qui s'était organisée au sein même du gouvernement; et l'abbé de Pradt nous dit que l'empereur Alexandre ayant demandé à M. de Talleyrand quel moyen il se proposait d'employer pour abattre la puissance impériale, celui-ci répondit qu'on laisserait agir les autorités constituées, et qu'il se faisait fort du Sénat.

C'est ce même abbé de Pradt qui nous a fait des aveux si précieux sur ces tripotages. « Les » alliés, dit-il, se sentant sur un terrain tout » neuf, au milieu d'éléments absolument in- » connus, désiraient s'appuyer des connais- » sances des personnes qu'ils supposaient être » les mieux informées de l'état intérieur de la » France. MM. de Talleyrand et de Dalberg » avaient fixé leur attention d'une manière plus » particulière. Quelque peu de titres que je » pusse avoir à partager cet honneur, il m'a- » vait été accordé. On avait poussé l'attention » jusqu'à pourvoir à notre avenir s'il eût été » compromis par les événements. Le Congrès de » Châtillon était notre fléau. Nous n'avons pas » laissé passer un jour sans ébranler la domi- » nation de l'Empereur, et sans chercher ce » qu'il lui fallait susciter au jour de sa chute. »

La situation des dernières années de l'Empire peut-elle d'ailleurs se comparer à l'état du royaume sur la fin du règne de Charles VI, que nous venons d'aborder? Mais si la France, en 1422, sortit avec honneur d'une lutte où toutes les chances paraissaient conspirer contre elle, c'est que le roi, les grands, le clergé, la noblesse, les magistrats, le peuple enfin, formèrent un concours merveilleux de bonnes actions dirigées vers le but le plus noble que l'homme puisse atteindre, l'affranchissement de la patrie; que si, au contraire, en 1814, la France succomba, c'est qu'elle fut vendue aux étrangers par des traîtres qui n'ont pas craint de venir depuis réclamer publiquement leur salaire.

Charles VII, appelé par le vœu de la nation à réparer les malheurs de la patrie, s'il ne put maîtriser les penchants de son cœur, n'oublia pas du moins les traditions de la France et surtout les devoirs imposés à sa dynastie. L'amour échauffait en lui l'héroïsme :

Belle Agnès qui tant bien m'avance,
Dans le mien cœur démourera
Plus que l'Anglais en notre France.

Quel poète ne se ferait honneur de pareils vers!

On avait vu, en 1814, le souverain d'un peuple que nous nommons Barbare, donner à tous ces traîtres empanachés une haute leçon de convenance en refusant *le Triomphe de Trajan*, que l'on voulait représenter devant lui.

Nos vainqueurs de 1815 ne se montrèrent pas si délicats ; pour eux, l'encens le plus grossier portait encore. Ajustés tant bien que mal sur un air connu (très approprié, il faut en convenir, à la circonstance), on chanta sur notre premier théâtre lyrique, des couplets que l'on espérait apparemment rendre populaires, et qui se terminaient ainsi :

La victoire est à nous!
Wellington par son courage,
Du plus affreux carnage
Nous a délivrés tous.

Richemont, Dunois, Xintrailles, La Hire... vous tous, héros, descendants de héros dignes émules de ces intrépides capitaines, qui pensiez que défendre le sol sacré de la patrie, c'est accomplir le plus saint des devoirs, vous avez tressailli dans vos suaires!.. Vous cherchiez cette antique bannière qui rallia tant de nobles courages, et près de laquelle nos rois tombaient eux-mêmes plutôt que de la livrer aux mains de l'étranger. Eh bien, cette bannière n'est plus celle de France. Pourtant, reposez en paix. Vos nouveaux compagnons de gloire vont en déployer une autre non moins glorieuse et qui demeure sans tache... C'est elle qui les guide aux champs de Waterloo.

*L'aigle impériale vole de clocher en clocher jusqu'aux tours de Notre-Dame de Paris.* Ces paroles sont de Napoléon : conservons-les; car nulle autre expression humaine ne pourrait donner une idée de cette expédition qui jette sur la plage du golfe Juan onze cents hommes, et arrive en vingt jours sous les murs de Paris avec une armée. C'est la marche la plus prodigieuse dont l'histoire fasse mention.

Mais il fallait repousser l'Europe entière. Dans ses Mémoires, que l'homme d'état, comme l'homme de guerre devraient souvent consulter, Napoléon prouve qu'en octobre la France aurait eu un état militaire de huit à neuf cent mille hommes complètement organisés, armés et habillés. « A cette époque, dit-il, les frontières devenaient des frontières d'airain qu'aucune puissance n'eût pu franchir impunément. »

Ainsi, le problème de notre indépendance consistait désormais à pouvoir éloigner les hostilités jusqu'au mois d'octobre. Mais il n'était guère possible de s'arrêter sérieusement à des combinaisons semblables; car, dès le mois de mai, les diverses puissances, instruites par les grands exemples de Napoléon, accouraient à marches forcées vers le Rhin et la Meuse; et comme on ne pouvait admettre d'autre part que ces armées se laissassent retarder par des obstacles secondaires, comme Marc et Cobourg avaient fait en 1793, lorsqu'ils perdirent trois mois autour de Valenciennes, on voyait dès lors d'une manière assez précise, l'époque à laquelle la France allait encore une fois se mesurer avec l'Europe.

L'Empereur médita sur le plan de campagne qu'il avait à suivre. Il s'en présentait deux.

Le premier était de rester sur la défensive, laissant les alliés prendre sur eux tout l'odieux de l'agression et s'engager dans nos places fortes, pénétrer sous Paris et Lyon, et là seulement, commencer sur ces deux points une guerre vive et défensive.

Le second plan allait prévenir les alliés qui ne pouvaient commencer les hostilités que le 15 juillet. Il fallait alors entrer en campagne le 15 juin, battre l'armée anglo-hollandaise et l'armée prusso-saxonne, qui étaient en Belgique, avant que les armées russe, autrichienne, bavaroise, wurtembergeoise, etc., fussent arrivées sur le Rhin. Ce projet présentait de nombreux avantages; il était conforme au génie de la nation, à l'esprit et au principe de cette guerre; il remédiait au terrible inconvénient d'abandonner la Flandre, la Picardie, l'Artois, l'Alsace, la Lorraine, la Champagne, la Bourgogne, la Franche-Comté, le Dauphiné; sans tirer un coup de fusil.

Au 15 juin, on pouvait réunir une armée de cent quarante mille hommes en Flandre, et laisser de bonnes garnisons dans toutes les places fortes. L'insurrection de la Vendée affaiblit de vingt mille hommes cette armée, et la réduisit à cent vingt mille. Ce fut un événement funeste qui diminua les chances de succès; mais la guerre de la Vendée pouvait s'étendre.

Quoique l'ennemi eût au moins deux cent mille hommes en Belgique, Napoléon n'hésita pas; il avoua même sans détour qu'en voyant l'élan de ses troupes, il se regardait comme certain de la victoire.

Voici comment le général Jomini, le premier écrivain militaire de notre époque, apprécie ce début de la campagne.

« Napoléon avait quatre lignes d'opérations à choisir; il pouvait réunir ses masses à gauche vers Valenciennes, fondre sur Mons par Bruxelles, tomber sur l'armée anglaise, la culbuter sur Anvers.

» Au centre, il avait la faculté de se diriger par Maubeuge sur Charleroi entre Sambre-et-Meuse, afin de tomber sur le point de jonction des deux armées de Blücher et de Wellington. Plus à droite, il pouvait descendre la Meuse vers Namur, fondre sur la gauche des Prussiens pour les couper de Coblentz et de Cologne. Enfin, il était possible de descendre entre la Meuse et la Moselle, ou entre Meuse et Rhin, pour tomber sur le corps de Kleist, qui couvrait les Ardennes et la communication des Prussiens avec le Rhin.

» Ce dernier parti ne menait à rien qu'à des menaces qui eussent été sans résultat sur un homme de la trempe de Blücher. Il conduisait d'ailleurs trop loin du but qu'on se proposait. Une attaque sur la Meuse était plus sage; mais elle eût refoulé Blücher sur Wellington, et opéré la jonction qu'il fallait empêcher. La manœuvre inverse par Mons, contre l'armée de Wellington, aurait pu produire, dans un sens opposé, la même jonction que l'on redoutait, en refoulant la droite des alliés sur la gauche. L'Empereur s'arrêta donc au parti de fondre sur le point central, où il pouvait surprendre Blücher en flagrant délit, et le défaire avant que Wellington pût le soutenir.

» Pour bien en apprécier le mérite, il faut se rappeler que Napoléon n'avait pas affaire à une seule armée sous un même chef, mais au contraire, à deux armées indépendantes l'une de l'autre, ayant deux bases d'opérations entièrement divergentes : celle des Anglais était basée sur Ostende et sur Anvers, et celle des Prussiens sur le Rhin et Cologne ; circonstance décisive, et qui assurait bien plus de succès à toute opération centrale tendant à les diviser et à les combattre successivement.

» Cette entrée en campagne de Napoléon, et son premier plan, peuvent être regardés comme une des opérations les plus remarquables de sa vie : neuf corps d'infanterie ou de cavalerie, cantonnés depuis Lille jusqu'à Metz, durent par des marches habilement dérobées, se concentrer devant Charleroi, au même instant où la Garde, partie de Paris, y arrivait. Ces mouvements furent combinés avec tant de précision, que cent vingt mille hommes se trouvèrent réunis le 14 juin sur la Sambre, comme par enchantement. Wellington, tout occupé de donner des fêtes à Bruxelles, croyait Napoléon encore à Paris, lorsque ses colonnes se présentèrent, le 15 au matin, pour passer cette rivière. Les ennemis avaient si peu l'idée de ces mouvements, que leurs armées ne se trouvaient pas rassemblées. »

La bataille de Ligny, qui commença la campagne, fut une victoire ajoutée à cent victoires. Nous n'aurions point à nous en occuper ici sans un incident qui la précède et dont on semble moins faire peser les résultats sur cette bataille même, que sur les désastres qui frappèrent notre armée deux jours après.

En général, et de quelque manière que l'on comprenne ou que l'on adopte d'ailleurs les phases diverses de la bataille de Waterloo, le dénouement fatal de ce grand drame est toujours attribué dans l'opinion publique à trois incidents bien définis : la défection du comte de Bourmont ; l'indécision du maréchal Ney, aux Quatre-Bras ; enfin, la non-coopération du maréchal de Grouchy.

Il est incontestable que ces trois faits, fussent-ils appréciés séparément, le dernier surtout, et à plus forte raison si on les réunit, ont influé sur les désastres de la campagne. Néanmoins, on peut dire que malgré ces trois incidents, Napoléon eût encore battu l'armée anglaise, comme il avait défait l'armée prussienne, s'il ne se fût mêlé d'autres causes que les historiens touchent à peine, et parmi lesquelles on doit indiquer, avant tout, la force du champ de bataille choisi par le duc de Wellington.

« En arrivant à son armée, dit le général Jomini, l'Empereur apprit que le général de Bourmont venait de décamper, le 14, de Philippeville, pour joindre Louis XVIII et les alliés. Quelque blâmable que fût cette démarche, on peut croire qu'il ne l'aggrava pas en donnant à l'ennemi des renseignements qu'un soldat même doit taire en pareil cas. Toutefois, dans les circonstances où il s'agissait d'une surprise de cantonnements, le seul avis de l'arrivée de l'Empereur et du rassemblement de l'armée était déjà une chose grave ; cette nouvelle suffisait à Blücher pour ordonner la réunion de ses corps, et déjouer ainsi tout projet de surprise. On assure du reste qu'il avait déjà ordonné cette réunion sur un premier avis reçu par un tambour de la vieille garde qui avait déserté la veille ; la présence de la vieille garde était un indice certain et suffisant pour donner l'éveil aux ennemis. »

Le général Jomini sait la déférence que nous avons pour ses jugements. Mais nous demandons ici quels renseignements le comte de Bourmont pouvait apporter aux alliés. Dès le moment que Napoléon apparaissait au milieu des deux armées, c'était certainement pour les combattre, et les chefs n'avaient autre chose à faire alors que de les rassembler promptement. Le point important n'est pas là; je le trouve dans l'avis que les alliés reçurent ainsi quelques heures plus tôt de l'arrivée de l'Empereur, et l'on sait ce que valent les heures à la guerre, surtout quand il s'agit de surprendre une armée dont les différents corps sont disséminés. Le déserteur de la vieille garde est bien jeté là par un *on dit*, comme pour affaiblir l'effet de cette révélation ; mais ce fait ne courut point alors dans les rangs où il n'eût pas manqué de faire impression. « Si quelques officiers ont déserté, dit Napoléon, pas un soldat ne s'est rendu coupable de ce crime. »

Un autre mal que produisit cette défection, ce fut l'influence morale qu'elle exerça sur les troupes. Au moment où les premiers coups de canon se tiraient près de Saint-Amand, un vieux caporal s'approche de l'Empereur et lui dit : « Sire, méfiez-vous du maréchal Soult ; soyez certain qu'il nous trahit. » — Plus tard, un officier fit le rapport au maréchal Soult que le général Vandamme avait quitté l'armée. — Sur la fin de la bataille, un dragon, le sabre ensanglanté, accourut, criant à l'Empereur : « Venez vite à la division ; le général Maurin harangue les dragons pour passer à l'ennemi. — L'as-tu entendu ? — Non, Sire, mais un officier qui vous cherche l'a vu, et m'a chargé de vous le dire. » Pendant ce temps, le général Maurin était dangereusement frappé d'une balle à l'épaule en repoussant une charge ennemie.

Tant que le succès accompagna nos armes, ces effets se firent moins sentir ; mais il n'en fut pas de même au jour du désastre, et nul doute que l'on ne trouve ici une des causes principales de cette désorganisation rapide qui se mit dans nos rangs. On a crié *sauve qui peut,* à la quatrième division du premier corps, au moment où le maréchal Blücher attaquait vers le soir le village de La Haie. Napoléon dit que ce village fut à peine défendu.

Nous avons sous les yeux le *Mémoire justificatif* de M. le comte de Bourmont ; ce mémoire ne justifie rien, et sur plusieurs points touche à la maladresse. Toutefois, en butte à des attaques si violentes qu'elles ont dû troubler jusqu'à ses jours de gloire, M. le comte de Bourmont avait encore, ce nous semble, le droit de parler et de se faire entendre.

N'était-il pas entouré de généraux qui, pour la plupart, après avoir juré fidélité au roi, venaient de l'abandonner à l'approche du péril ? Trop empressés peut-être d'accepter les nobles paroles de Napoléon à Fontainebleau, ces hommes avaient retrouvé leurs sympathies ; M. de Bourmont reprenait les siennes. Établissez donc une distinction logique entre ces deux situations? Voilà où conduit l'habitude de se jouer des serments politiques. Est-ce que l'homme ne devrait pas comprendre que le gage qu'on lui demande ici ne repose que sur son honneur?

Tant d'entre nous furent si cruellement éprouvés par les événements de cette époque, que nous pourrions nous reconnaître le droit de juger plus sévèrement ceux qui les accomplirent ou les préparèrent. Mais à la distance où ces faits sont aujourd'hui, ils appartiennent à l'Histoire, et l'écrivain qui veut en reproduire les annales, ne doit point suivre les traces de cet évêque, historien de l'Italie, qui se vantait d'avoir deux plumes, l'une d'or et l'autre de fer, dont il se ménageait l'usage à son profit, suivant les circonstances.

Napoléon connaissait mieux que personne les talents militaires du comte de Bourmont et les appréciait; mais il connaissait aussi les hommes. Il avait résisté longtemps aux instances les plus pressantes et ne s'expliquait pas. Ce fut seulement après sa défection que, prenant à part l'un de ses plus ardents solliciteurs, il lui dit : « Eh bien ! votre protégé, dont vous me répondiez sur vous-même, nous a donc quittés? Allez, les bleus seront toujours bleus, les blancs seront toujours blancs. »

Maxime d'une vérité éternelle, et qui devrait être écrite comme tant d'autres dans un livre à l'usage des princes.

C'est pour l'avoir méconnue, que Louis XVIII confia au maréchal Ney le commandement des troupes qui devaient arrêter la marche de l'Empereur ; c'est parce qu'il l'ignorait sans doute, que le maréchal accepta cette mission périlleuse ; et telle est enfin la cause de l'hésitation que Ney manifesta au début de la campagne, quoiqu'on la cherche ailleurs.

Il ne faut pas admettre les paroles qu'on lui attribue, quand il prit congé du roi. On voulait perdre le maréchal pour faire un exemple, oubliant qu'en guerre civile, ces moyens touchent le but opposé à celui que l'on veut atteindre.

Mais enfin, si l'on rétablit les faits, on voit que le maréchal avait pris le commandement des troupes ; et, le premier élan passé, nul doute qu'il ne pesât alors sa conduite, non au point de vue de la réussite dont il se préoccupait très-peu peut être, mais au poids de sa conscience qui était franche et honnête. L'histoire est pleine de ces situations singulières qui rendent l'homme le plus fort, faible et irrésolu.

Car admettre, comme on le veut, que la

cause de ces hésitations provient de ce qu'il ne connaissait pas assez les troupes placées sous ses ordres, nous paraît chose impossible quand il s'agit du maréchal Ney. Napoléon pénétra mieux les motifs de ses préoccupations. S'il parle de lui plus tard, c'est presque toujours sous une teinte de tristesse. Il lui reproche ici de ne pas comprendre que le devoir du général diffère de celui du soldat, et d'avoir attendu pour se décider l'excitation de la poudre.

C'est qu'alors en effet son grand cœur ne pouvait plus faillir. Mais voyez donc à quelles proportions cet homme arrive pendant la bataille ! Le reconnaissez-vous maintenant? C'est le brave des braves, c'est Ney. C'est celui qui, séparé de l'armée en 1812, pendant notre désastreuse retraite, et lorsqu'une lueur d'espérance vint tout-à-coup éclairer son retour, arracha ces paroles à Napoléon que maîtrisait l'émotion la plus profonde : « Que dites-vous!...
» dites-vous vrai !... J'ai deux cents millions
» dans mes caves des Tuileries ; je les aurais
» donnés pour sauver un tel homme !... »

En attaquant à Ligny l'armée prussienne, Napoléon ne voulait pas seulement la séparer des Anglais, il espérait encore lui porter un coup assez décisif pour opérer sa désorganisation, et se donner ainsi le temps d'attaquer avec avantage son autre adversaire. On peut croire qu'il aurait obtenu ce résultat dans cette première rencontre, si par un concours de circonstances singulières et dont il ne faudrait pas trop s'étonner à la guerre, où tout est possible, l'aile gauche de l'armée française n'eût fait défaut à Napoléon dans cette journée, comme son aile droite devait lui manquer deux jours après à Waterloo.

Ces admirables dispositions ont pourtant trouvé des critiques, et en première ligne nous devons citer le général Rogniat dont la haine pour l'Empereur est d'ailleurs connue de tous.

Dans un livre intitulé : *Considérations sur l'art de la guerre*, ce général, qui ne voit pour cette campagne qu'une accumulation de fautes les plus grossières, paraît admettre qu'elles prennent leur source dans l'idée qu'eut Napoléon de partager son armée, déjà si faible relativement, en deux parties.

L'armée française fut bien divisée en deux ailes et une réserve. On doit même avouer que si Napoléon avait suivi l'usage adopté de faire deux ailes, un centre et une réserve, les diverses fractions de son armée pouvant se lier plus facilement, les malheurs de la journée du 18 eussent été moins sensibles.

Mais si le général Rogniat voyait aussi clairement ce qui allait se passer d'abord à notre aile gauche, et ensuite à notre aile droite, pourquoi cacher ses appréhensions? Il suivait les opérations de la campagne, et sa position élevée ne lui permettait pas d'ignorer que Napoléon admettait à toute heure les communications qu'on désirait lui faire, vinssent-elles du simple soldat.

Ayant en tête deux armées dont les bases d'opérations se trouvaient différentes, l'Empereur devait combattre sur deux fronts. Il forma deux ailes, voulant frapper sur une des deux armées avec sa masse la plus forte, tandis que la plus faible contenait l'autre adversaire. Telle fut la manœuvre de son aile droite à Ligny; manœuvre qu'il allait reproduire avec son aile gauche à Waterloo, et les incidents qui dérangèrent ces dispositions ne sont nullement de ceux que l'auteur des *Considérations sur l'art de la guerre* semble comprendre.

Il est si facile de critiquer les opérations de guerre malheureuses, que cela s'est vu dans tous les temps. On s'en plaint aujourd'hui; mais on s'en plaignait sous la république, et il en était ainsi sous Louis XIV et même autrefois, à Rome, comme on peut l'entrevoir par la harangue de Paul-Emile au peuple, avant de partir pour la guerre de Macédoine.

« Que ceux, dit-il, qui se croient en état de me donner des conseils, m'accompagnent; ils passeront à bord de mon vaisseau, et lorsque l'armée entrera en campagne je leur donnerai place sous ma tente et à ma table. Mais s'ils n'acceptent point mes offres, qu'ils ne prétendent pas ensuite juger ce qu'ils n'auront pu voir; qu'ils aient la sagesse de s'abstenir d'opposer leurs avis à celui d'un général qui déploie tous ses talents, fait usage de toute son expérience, et consacre sa vie et son honneur au service de la patrie. »

Il est fâcheux que le baron Rogniat, qui connaissait les anciens, quoiqu'il les interprête souvent assez mal, n'ait pas profité de la leçon. Il ne se serait point exposé à ce que l'on dise de lui qu'il s'était tu quand il pouvait parler, et qu'il avait parlé quand il devait se taire.

Le général Jomini, qui sait bien autrement la guerre que l'auteur du livre dogmatique dont nous venons de parler, ne critique point ces premières opérations, tant s'en faut; mais il s'étonne qu'après l'avantage signalé que Napoléon vient de remporter dans cette lutte de soixante mille hommes contre quatre-vingt-dix mille, où il a mis vingt-cinq mille hommes hors de combat, enlevé quarante pièces de canon, etc.; le général Jomini, dis-je, ne comprend pas que Napoléon se repose sur un pareil succès, sans entreprendre une poursuite de nuit, comme Blücher le fit deux jours plus tard, et surtout sans tomber avec toutes ses forces, le 17, à six heures du matin, sur Wellington, dont l'artillerie et une partie de l'infanterie n'étaient arrivées que dans la nuit, harassées de fatigue.

« Pour ceux qui se rappellent l'étonnante activité qui présida aux événements de Ratisbonne en 1809, de Dresde en 1813, de Champ-Aubert et de Montmirail en 1814, ce nouveau temps perdu, dit-il, sera toujours une chose inexplicable de la part de Napoléon. Laisser la matinée du 17 à Wellington pour se reconnaître, était donc une faute plus réelle que de laisser celle du 16 à Blücher, comme on l'avait fait. Sans doute l'Empereur eut de puissants motifs pour se résigner à un pareil délai qui ne pouvait être que funeste, mais ces motifs ne sont jamais venus jusqu'à moi. »

Il n'est pourtant pas bien difficile de les soupçonner. La poursuite de nuit n'eût rien produit ; nous pouvons le dire aujourd'hui que nous connaissons la position des corps Prussiens qui tenaient en bon ordre à Sombref et à Bry, et qui auraient arrêté toute tentative de ce genre. Il faut admettre aussi que Napoléon ne devait rien entreprendre, sans avoir des rapports détaillés sur ce que le maréchal Ney avait fait aux Quatre-Bras; et que s'il eût attaqué les Anglais dès six heures du matin, Wellington ne pouvant accepter le combat dans la position décousue où il se trouvait, se serait retiré derrière la forêt de Soignes, pour favoriser sa jonction avec Blücher. Les armées autrichienne et russe s'avançaient à marches forcées; n'avait-on pas à craindre encore que les deux généraux n'allassent au-devant d'elles, abandonnant la Belgique dont l'occupation, quoique d'une très grande importance, ne balançait pas l'inconvénient d'avoir à combattre alors quatre armées réunies. Toutes les manœuvres de l'Empereur devaient être dirigées dans le but d'engager les Prussiens et les Anglais à combattre et non à se retirer.

Peut-on comparer ensuite la position de Napoléon en 1815, à celle qu'il avait en 1809 et même en 1813; et ne serait-ce pas enfin le souvenir de ces abominables tripotages de 1814, dont les victoires éclatantes de Champ-Aubert et de Montmirail ne purent le garantir, qui absorbaient ici ses pensées?

Les historiens qui le blâment d'avoir passé la matinée du 18 à faire la revue des troupes, nous font connaître ses préoccupations. « Après » s'être longtemps promené sur le champ de » bataille de Ligny, dit l'un d'eux, l'Empereur, » fatigué d'être à cheval, mit pied à terre, causa » longuement de l'état de l'opinion à Paris, » des divisions qui y régnaient, et parla de » choses entièrement étrangères à celles qui, » dans une position telle que la sienne, sem» blaient devoir exclusivement l'occuper. »

Les choses dont parlait Napoléon n'étaient nullement étrangères à sa position, et l'on comprend très bien au contraire, que l'ennemi qu'il avait devant lui dût l'inquiéter moins que celui qu'il laissait sur ses derrières. On voit que le jour même de cette grande victoire de Ligny, dont le résultat, s'il eût été aussi complet qu'on pouvait l'espérer, allait peut-être changer les destinées de l'Europe, la chambre élective avait factieusement usurpé le droit d'initiative, suivant la remarque très judicieuse du général Jomini lui-même, en adoptant une loi qui ordonnait la réunion des institutions éparses dans les différentes constitutions de l'Empire et du Consulat.

Quoi qu'il en soit, Napoléon ayant enfin reçu les détails de l'échec essuyé par le maréchal Ney aux Quatre-Bras, résolut de se porter sur les Anglais. Il avait, vous le savez, partagé ses troupes en deux ailes : avec l'aile gauche commandée par le maréchal Ney et avec la réserve, en tout soixante-huit mille hommes et deux cent quarante-deux pièces de canon, il allait leur livrer bataille ; il plaça l'aile droite, forte de trente-quatre mille hommes, avec cent huit pièces d'artillerie, sous les ordres du maréchal de Grouchy, et le chargea de suivre la retraite des Prussiens.

C'est ici que l'on a coutume de placer cette vive discussion qui occupe encore les historiens de l'Europe, et dans laquelle les paroles dites ou écrites par Napoléon, à propos des ordres donnés au maréchal de Grouchy, ont été si minutieusement examinées.

Blücher battu, n'avait que deux partis à prendre. Il devait se retirer sur la Meuse, sa base naturelle, pour s'y refaire, si ses troupes étaient désorganisées ; ou bien, s'il se sentait en état de tenir la campagne, il allait inquiéter le flanc droit des Français, menaçant de couper leur base d'opérations, afin d'éloigner le plus possible les corps chargés de le poursuivre, et manœuvrer ensuite avec plus ou moins de succès pour porter secours à l'armée anglaise ; car, comment admettre qu'un homme du caractère de Blücher se retirât dans ce cas d'une manière honteuse, abandonnant son allié à la merci d'un chef et d'une armée dont il ne connaissait que trop le mérite et la valeur.

Que ferait Blücher? C'était au commandant de l'aile droite à s'en assurer par les moyens que l'on emploie à la guerre, et qui sont moins difficiles, quand on dispose d'une cavalerie nombreuse.

Mais si le général prussien éprouvait de l'incertitude, suivant la circonstance, pour arrêter l'un des deux partis dont nous venons de parler, il ne pouvait en exister aucune dans l'idée du général français. Le harceler dans sa retraite, faire des prisonniers, compléter en un mot, s'il était possible, sa défaite, étaient choses utiles sans doute; toutefois la mission véritable du commandant de l'aile droite, le but que ses dispositions devaient atteindre avant tout, c'était de maintenir la séparation.

Quoiqu'il paraisse certain que l'on ne s'éclaira pas aussi complètement que l'on aurait dû le faire sur les mouvements des Prussiens, cependant, comme une armée ne disparaît point ainsi que le pourrait faire un corps de partisans, des indices assez sensibles prouvèrent, avec évidence, que Blücher ne se retirait pas sur Namur. C'était un avertissement. Lorsqu'enfin sur le midi l'écho de l'horizon vint apporter à tous la conviction qu'il se passait là une action assez considérable pour admettre que l'armée anglaise entière y fût engagée, l'hésitation n'était plus permise ; il fallait marcher au canon. Qu'importaient donc les tentatives des Prussiens après l'anéantissement des Anglais et la jonction des deux ailes de notre armée ?

Par l'étude des faits, on reconnaît bien que le maréchal de Grouchy était sous la pression de la situation politique dont la gravité l'effrayait, et l'on ne peut douter qu'en toute autre circonstance il n'eût pris l'initiative d'une résolution que lui conseillaient les généraux de son armée.

Mais si l'on voulait mettre absolument sa responsabilité à couvert sous les ordres de l'Empereur, il fallait alors se ménager avec lui des communications plus faciles. Les instructions données la veille au commandant de l'aile droite se trouvaient conformes à l'état des choses quand il les reçut, et le maréchal, qui était un homme d'expérience, ne devait pas oublier qu'il faut moins de vingt-quatre heures pour apporter souvent bien des modifications dans les affaires de guerre.

En précisant ainsi des faits sur lesquels nous voudrions ne plus revenir, mais dont il nous faudra parler encore, qu'on ne suppose pas que notre intention soit de grossir ici le nombre des détracteurs du maréchal de Grouchy. Assez de gloire rayonne autour de ce nom qui se rattache aux plus belles pages de notre histoire, pour que nous comprenions que l'on doive au moins le respecter.

On fit une faute à l'aile droite, on en a fait aussi à l'aile gauche; et quel général oserait donc se flatter de n'en jamais commettre, placé qu'il est au milieu d'éléments si variables que les flots de la tempête peuvent à peine en peindre la mobilité!

L'homme de guerre le plus parfait que je puisse dire, Annibal, ne fut-il pas un jour le jouet d'un consul faisant presque son apprentissage, et qui, pendant qu'il l'amusait dans ses lignes, alla lui détruire, à quatre-vingt-dix lieues, la belle armée que lui amenait son frère Asdrubal, le seul secours efficace envoyé jusque-là par Carthage, et avec lequel ce grand capitaine devait arrêter la fortune de Rome. Annibal ne manquait pourtant ni de perspicacité, ni de résolution.

Mentionnons encore ce que l'on ne sait pas assez: que la perte de la bataille de Waterloo, envisagée sous le point de vue militaire, était peu de chose; que le maréchal de Grouchy, livré à lui-même, et retrouvant dès-lors ces belles inspirations qui l'avaient si souvent dirigé sur les champs de bataille, venait d'accomplir une admirable retraite, battant l'ennemi qui le suivait, lui enlevant même de l'artillerie, et amenant soixante mille hommes et deux cents pièces de canon sous les murs de Paris ; qu'il était en état de faire face à tout ; que l'armée se ralliait ; et que la marche présomptueuse de l'ennemi allait enfin permettre à la France de prendre une revanche éclatante, si les événements politiques n'eussent ici dominé les faits militaires, comme Napoléon ne l'avait que trop compris.

L'Empereur ayant donc détaché le tiers de son armée sous les ordres du maréchal de Grouchy, se porte avec les deux autres tiers à la rencontre des Anglais, et les joint à six heures du soir. On crut d'abord que l'on ne voyait qu'une forte arrière-garde ; soixante pièces de canon qui, en se démasquant, nous firent le salut militaire, indiquèrent évidemment que l'armée anglaise était postée là, et se décidait à accepter le combat.

On prétend que dans le premier saisissement de sa joie Napoléon s'écria : « O Josué, que n'ai-je comme toi le pouvoir d'arrêter le soleil ! » Mais il est assez probable que cette réminiscence biblique ne dut pas l'occuper longtemps. Le successeur de Moïse voulait compléter la défaite de ses ennemis lorsqu'il invoquait ainsi le Dieu des batailles ; Napoléon tout au contraire, avant d'engager la lutte, désirait donner à ses troupes le temps de se reposer, de sécher les vêtements traversés par une pluie continue, et de préparer les armes.

Mal renseigné d'ailleurs sur la véritable situation des Prussiens qu'il croyait en déroute, l'Empereur pensait sans doute que ses dispositions contre l'armée anglaise n'en seraient que mieux prises le lendemain. Une bataille dure ordinairement six heures ; on pouvait alors choisir le moment pour commencer l'attaque, et anéantir l'ennemi avant la fin du jour.

Lorsque Napoléon forma son plan d'opérations au début de la campagne, il avait bien compris la différence des généraux en chef qui lui étaient opposés : « Les habitudes de hussard du maréchal Blücher, son activité et son caractère hasardeux contrastaient avec le caractère circonspect et les marches lentes du duc de Wellington. Si l'armée prussienne n'était pas la première attaquée, elle mettrait plus d'activité et d'empressement à courir au secours de l'armée anglo-hollandaise, que celle-ci n'en apporterait à secourir le maréchal Blücher. Toutes les mesures de Napoléon avaient donc pour but d'attaquer d'abord les Prussiens. » Ainsi parle l'Empereur à Sainte-Hélène.

Mais maintenant, voilà le duc de Wellington entièrement isolé ; et ce général, dont les habitudes de prudence et de circonspection sont parfaitement connues et appréciées, consent à recevoir seul le choc d'une armée victorieuse commandée par Napoléon en personne; et cela, dans une position telle, que s'il éprouve un échec, il ne peut se retirer!...

L'armée manqua d'espions intelligents, si même elle en eut. Il ne devait pourtant pas être bien difficile de s'en procurer. Mais si Napoléon a pu dire de quelques-uns de nos généraux que les événements de 1814 les avaient détrempés, avouons que le reste de l'armée manifestait une confiance qui tient de l'aveuglement. On nous conduisait à la défense du pays, et il nous semblait à nous, que nous marchions sous Alexandre à la conquête du monde.

Napoléon parle bien d'affidés qui vinrent à son quartier-général donner quelques renseignements ; mais il s'agit de partisans de la France, et ce n'est pas là l'espèce d'hommes précieux que nous voulons désigner. Des renseignements incomplets sont d'ailleurs souvent plus nuisibles qu'utiles à la guerre.

Mettre une armée en campagne sans espions, c'est vouloir faire marcher un aveugle privé de son conducteur. Il résulta de cet oubli deux faits importants qui dominent cette grande scène : d'abord, Napoléon ne connut point la force véritable de l'armée prussienne ; il ne sut pas non plus, même à Sainte-Hélène, que les deux généraux alliés ne cessèrent point leurs communications; elles étaient telles, que depuis le 17 au matin, ils apprenaient heure par heure ce qui se passait dans les deux armées.

Blücher était un soldat dont l'audace atteignait presque le génie. On se défiait de ses écarts, et il avait près de lui un officier-général d'un mérite si remarquable qu'on a pu le comparer à notre Berthier : c'était Gneisenau. A lire la correspondance de ce chef d'état-major, on pourrait facilement admettre que son père, prenant Amilcar comme exemple, avait insufflé à son fils, contre la France, cette haine ardente que vous savez par l'histoire de Rome. Une association semblable devait produire quelque coup décisif (*a*).

(*a*) Le maréchal Berthier excellait dans ces fonctions délicates ; le général Guilleminot est encore un modèle à citer. On accorde cette rare aptitude au général Koch, apprécié

Ce fut Gneisenau qui vint s'entendre avec Wellington dans la nuit qui précéda la bataille, afin de connaître ses dernières résolutions. Mais n'oublions pas ici la réponse de Blücher, lorsque le général anglais lui fit dire qu'il accepterait le combat, s'il pouvait compter sur trente mille hommes.

« J'arriverai, dit Blücher, non seulement avec trente mille hommes, mais avec mon armée entière, à condition que si Napoléon n'attaque pas demain les Anglais, après demain, nous l'attaquerons ensemble. » Nobles paroles, comme on a pu le remarquer, de la part d'un vieillard de soixante-dix ans, et après l'échec sanglant qui l'avait frappé la veille.

Wellington, assuré du concours de Blücher, fit ses dispositions pour la bataille, admettant trois cas dont il proposait en même temps la solution.

« PREMIER CAS. — L'armée française attaque l'aile droite des Anglais.— Alors l'armée prussienne s'avancera par Saint-Lambert sur Ohain pour entrer en ligne.

» DEUXIÈME CAS.— L'armée française attaque

---

par tous les militaires instruits de l'Europe; et au général Aupick qui devait marquer dans la diplomatie comme dans les armes.

le centre ou la gauche des Anglais. —Alors un corps prussien viendra s'établir sur le plateau de Frichermont et Ayviers ; un second corps se rendra à Ohain, pour appuyer les Anglais ; un troisième marchera sur Maransart ; le quatrième restera en réserve.

» TROISIÈME CAS. — L'armée française se dirigera des hauteurs de Belle-Alliance sur Saint-Lambert.— Alors Wellington s'avancera sur la route de Charleroi, pour attaquer l'ennemi en flanc et à dos. »

Ainsi, dans le premier cas, le général anglais admet que Napoléon, dont toutes les manœuvres tendent évidemment à séparer les deux armées, consent à changer tout à coup sa base pour former une attaque qui doit favoriser leur jonction ; comme il suppose, dans le troisième cas, qu'une armée ayant pour objet stratégique une ville placée sur la prolongation de sa ligne d'opérations, va s'aventurer dans une marche latérale toujours dangereuse devant l'ennemi.

En examinant les difficultés que l'armée prussienne avait à surmonter avant d'atteindre les lignes anglaises, difficultés que Blücher et son chef d'état-major ne pouvaient se dissimuler, si même ils ne se les exagéraient pas, on se demande ce qu'ils durent penser l'un et l'autre à la réception d'une pareille feuille de route.

L'ordre de bataille de Napoléon, que nous exposons plus bas, prouve un peu plus d'art que ne semble en admettre son adversaire. Celui-ci attendait encore apparemment qu'on eût la complaisance de lui faire savoir le matin de bonne heure, au son de la trompe, sur quel point l'attaque serait définitivement portée, afin d'en prévenir en temps utile son allié.

Il est heureux que ce lord-duc, qui faisait des plans d'opérations si faciles, n'ait pas eu à manœuvrer devant Napoléon. S'il avait commencé le lundi, on peut affirmer que son armée eût été déjà réduite avant la fin de la semaine. Mais nous allions le chercher dans ses positions, et là c'était tout autre chose. On ne peut méconnaître qu'il s'y défendit avec le sang-froid et la tenacité, qui sont le trait caractéristique des généraux anglais.

Ces positions se retrouvent difficilement aujourd'hui. J'ai toujours présent à ma pensée le geste et les mots du guide qui m'accompagnait, il y a quelques années, dans la reconnaissance des lieux. A chaque nouvel indice, ses paroles surtout revenaient me frapper avec la monotonie, mais aussi avec la force et la précision du marteau qui tombe sur l'enclume : *Ils étaient encaissés jusqu'au cou.*

Les travaux des hommes tendent à niveler la terre. On comprend aussi les déblais qu'il a fallu faire pour construire cette pyramide gigantesque qui domine la plaine ; imitation grossière d'une idée des anciens Pharaons, dont l'orgueil reposait au moins sur le granit, et non pas comme ici sur l'argile.

Quelques monuments solitaires, séparés maintenant du sol par plusieurs marches, marquent d'une manière assez précise l'ancien relief du terrain. Ce sont des tombes modestes élevées à la mémoire d'ennemis qui ont péri avec honneur : respectons-les.

Mais quoi ? je soulève en entier le vaste linceul qui couvre ces champs funéraires, et sous le règne du plus sage des rois, pas un regret n'est déposé pour la France de la part d'un peuple ami qui compta si longtemps parmi nos frères ! Nos généraux aussi sont tombés là glorieusement pour la cause la plus juste, car ils allaient défendre la patrie menacée ; et ces vaillants soldats, qui savaient mourir et ne savaient pas se rendre, ne méritaient-ils donc pas un souvenir !...

On ne peut douter que lord Wellington ne connût à l'avance le terrain sur lequel il nous attirait. Ceux qui contestent ce fait, accordent plus que nous ne le faisons nous-même ; car nous n'admettons pas que ce général eût osé attendre Napoléon en plaine, même avec la certitude d'être secouru par les Prussiens. Si ce champ de bataille avait été seulement tel qu'il se présente aujourd'hui, l'armée anglaise éprouvait une défaite avant l'entrée en ligne du premier corps prussien.

C'étaient les trente mille hommes que réclamait Wellington pour accepter la bataille. Il se trompait évidemment, quoique son calcul reposât d'ailleurs sur des données assez exactes.

Il avait quatre-vingt-dix mille hommes ; la valeur de sa position défensive, dont la force s'augmentait encore par les pluies qui en rendaient l'accès plus difficile, lui en donnait vingt mille de plus ; en ajoutant les trente mille Prussiens, son armée pouvait lui représenter cent quarante mille hommes, et les Français n'en comptaient que soixante-huit mille : c'était plus de deux contre un.

On voit cependant que ces trente mille hommes, qui parurent les premiers sous la conduite de Bülow, contenus d'abord par le comte de Lobau avec dix mille hommes, et en définitive obligés de se retirer à l'arrivée d'une division de jeune Garde, nous laissaient encore toutes les chances de victoire, lorsque l'armée entière des Prussiens déboucha. Blücher avait tenu sa parole.

L'armée anglaise occupait en avant de Mont-Saint-Jean un beau plateau adossé à la forêt de Soignes. Cette position, que l'on peut se figurer ainsi qu'une immense terrasse avec fossé et glacis en talus, était encore gardée par les villages de Merbe-Braine, le château d'Hougomont, La Haie-Sainte, La Haie et Frichermont, qui formaient comme des bastions avancés pour protéger les approches de la ligne. On chercherait en vain dans toute la Belgique un champ de bataille qui pût offrir d'aussi grands avantages défensifs.

A ce sujet s'élève une controverse. Une armée adossée à une forêt, quand elle aurait un bon chemin derrière son centre et chacune des ailes, serait-elle compromise si elle venait à perdre la bataille ?

Plusieurs écrivains militaires ne le pensent pas, contrairement à l'opinion de Napoléon, qui n'admet l'avantage d'être ainsi posté, que pour une arrière-garde, dont le défilé peut en effet protéger la retraite, tandis qu'il embarrasserait une armée avec son immense matériel et sa nombreuse cavalerie ; ce que le grand capitaine exprime ensuite d'une manière plus concise, dans son style maximaire, en disant que la première condition d'un champ de bataille est de n'avoir pas de défilé sur ses derrières.

Les retraites après combat s'opérant presque toujours quand les troupes ont épuisé leurs dernières forces, il faut de la part des chefs une grande surveillance, et chez le soldat la certitude qu'elle s'exerce, pour prévenir le désordre : or, comment espérer un pareil concours au milieu d'une forêt où les embarras grossissent à mesure que l'on avance, morcellent les corps et livrent pour ainsi dire le soldat à lui-même. Il semble que l'opinion de Napoléon doive prévaloir.

Cette question se rattache à la grande tactique des batailles, et a dû trouver son application dans tous les temps ; toutefois, comme on ne peut douter qu'elle n'ait acquis beaucoup plus d'importance depuis la journée qui nous occupe, il faut pourtant avouer ici ce que Napoléon ne put savoir, car il ignora le concert des deux armées: c'est que le duc de Wellington ne songeait point à se retirer du côté de la forêt.

Sa retraite était sur sa gauche par où les Prussiens devaient arriver ; et cela est si vrai, qu'au milieu de la tourmente épouvantable qu'il essuya pendant trois heures, et lorsque sa cavalerie repoussée de toute part assistait, impuissante pour ainsi dire, au massacre de son infanterie, il eut la force de conserver intacts trois mille cavaliers d'élite qui n'eussent été qu'un embarras au travers de la forêt de Soignes, mais qui pouvaient lui devenir utiles pour faciliter sa jonction avec les Prussiens.

Il supposait n'avoir à effectuer alors qu'un passage des lignes, et il est assez étrange que cette opinion fut partagée par un général aussi expérimenté que le maréchal Blücher. On peut affirmer cependant que, dans la situation singulière où s'était placé le duc de Wellington, tout mouvement tenté par lui exposait son armée à la déroute; et que les Prussiens, arrivant sur ces entrefaites, loin de rallier les fuyards eussent été entraînés par eux. Il est vrai que le duc de Wellington attendait plus tôt l'armée prussienne, et que l'on doute encore qu'il eût osé accepter la bataille, s'il avait su être réduit à la soutenir si longtemps seul.

Les dispositions que prit le général anglais pour fortifier sa droite, prouvent assez qu'il la regardait comme le point où devait être portée l'attaque. Le château d'Hougomont, vieux manoir flamand, fermé par un mur épais qu'une forte haie dérobait à la vue, se trouvait placé à quatre cents mètres en avant du centre de cette droite et la dominait : le duc de Wellington, comprenant l'importance de cette position, fit pratiquer des meurtrières dans les murailles, et confia sa défense à deux mille hommes d'élite commandés par un général.

Il avait poussé ses précautions de ce côté jusqu'à détacher un corps de quinze mille hommes sur Hall, situé à deux lieues en arrière de Merbe-Braine, qui formait l'extrémité de cette droite, afin de couvrir la chaussée de Mons à Bruxelles. Ce fut une manœuvre habile, faite par Napoléon la veille, pour menacer ce point, qui l'obligeait à se priver ainsi d'une division de son armée. Ces troupes restèrent paralysées pendant la bataille.

Le centre de l'armée anglaise, qui couvrait La Haie-Sainte, était tellement fortifié par l'assiette naturelle des lieux, que le duc de Wellington crut pouvoir se dispenser d'en faire créneler les bâtiments. La configuration du terrain sur ce plateau mettait, de plus, toute sa seconde ligne à l'abri du feu de notre artillerie.

Devant l'extrême gauche, à quatre cents mètres environ, se trouvaient également les fermes de Papelotte et de La Haie (qu'il ne faut pas confondre avec La Haie-Sainte), ainsi que le hameau de Smouhen. C'était là évidemment le côté faible de la position. Cette gauche était en l'air ; mais elle avait pour appui l'armée prussienne, et nous avons dit qu'on l'attendait plus tôt.

L'armée anglaise était forte de quatre-vingt-dix mille hommes. Le terrain qu'elle occupait, soit qu'on le mesure de Merbe-Braine ou bien d'Hougomont jusqu'aux fermes de La Haie et de Papelotte, ne donne guère plus de quatre mille mètres, une lieue environ.

On reproche au général Koutousoff, qui livrait aussi une bataille défensive à la Moskowa, d'avoir étendu sur sept kilomètres son armée forte de cent trente mille hommes. Mais ces sortes d'actions postées, étant soumises aux exigences du terrain, ne peuvent être ramenées à des règles fixes. Pour un champ de manœuvres, une armée placée sur deux lignes avec sa réserve, comme l'était l'armée anglaise, aurait pu occuper deux lieues.

Napoléon était arrivé le 17 à six heures du soir en vue de ces positions. Il donna ordre aux divers corps d'établir leurs bivouacs, et mit son quartier-général à la ferme de Caillou. L'armée française se trouvait ainsi placée en avant de Planchenois, à cheval sur la route de Bruxelles, dont elle n'était éloignée que de quatre lieues et demie.

A dix heures du soir, l'Empereur expédia

un officier au maréchal de Grouchy que l'on supposait à Wavres, pour lui faire connaître qu'il y aurait le lendemain une grande bataille; il lui ordonnait de détacher une division de sept mille hommes de toutes armes et seize pièces de canon sur Saint-Lambert, vers la droite de la grande armée ; et ajoutait qu'aussitôt qu'il se serait assuré que le maréchal Blücher a évacué Wavres, soit pour continuer sa retraite sur Bruxelles, soit pour se porter dans toute autre direction, il devait marcher avec la majorité de ses troupes, pour appuyer le détachement de Saint-Lambert.

A deux heures après minuit, une dépêche du maréchal de Grouchy fit connaître qu'il était à Gembloux, ignorant la direction qu'avait prise Blücher.

L'Empereur lui envoya sur le champ un duplicata de l'ordre expédié la veille à dix heures du soir, lui recommandant de prendre les armes avant le jour, et de passer la Dyle au-dessus de Wavres. L'officier porteur de cette dépêche, partit avant trois heures du matin.

Sur les cinq heures, on reçut au quartier-général une deuxième dépêche du maréchal. Il mandait qu'étant enfin instruit que l'ennemi s'était dirigé sur Wavres, il partirait à la pointe du jour pour le talonner dans cette direction. Cette lettre était datée de deux heures après minuit.

La route de Gembloux à Wavres, et de Gembloux à Saint-Lambert étant la même pendant deux lieues, on eut donc l'espoir que l'officier rencontrerait le maréchal de Grouchy déjà en marche, et qu'ainsi, au lieu d'arriver vers midi à Saint-Lambert, il pourrait s'y trouver à dix heures du matin ; et l'on devait être assuré, dans tous les cas, que l'aile droite serait devant Wavres, et en communication avec Saint-Lambert à midi au plus tard.

Pendant la nuit, l'Empereur donna les ordres nécessaires pour la bataille, si elle devait avoir lieu, car il pensait que le duc de Wellington et le maréchal Blücher profiteraient de cette même nuit pour traverser la forêt de Soignes et se réunir devant Bruxelles, où ils allaient se renforcer de tout ce qui était sur leurs derrières.

A une heure du matin, l'Empereur sortit à pied, accompagné de Bertrand, son grand maréchal. Il parcourut la ligne des grand' gardes. La forêt de Soignes apparaissait comme un incendie ; l'horizon, entre cette forêt, Braine-la-Leud, les fermes de la Belle-Alliance et de

La Haie, était resplendissant du feu des bivouacs. Le plus grand silence régnait. L'armée anglaise était ensevelie dans un profond sommeil, suite des fatigues qu'elle avait essuyées les jours précédents.

Arrivé près du château d'Hougomont, il entendit le bruit d'une colonne en marche ; c'était vers deux heures et demie. Or, à cette heure, l'arrière-garde devait commencer à quitter sa position si l'ennemi était en retraite. Cette illusion fut courte ; le bruit cessa.

La pluie tombait par torrents. Les troupes françaises étaient bivouaquées dans la boue ; les officiers tenaient pour impossible de livrer bataille. L'artillerie et la cavalerie ne pourraient manœuvrer dans les terres, tant elles étaient détrempées ; ils estimaient qu'il faudrait douze heures de beau temps pour les étancher.

Le jour commençait à poindre. L'Empereur rentra à son quartier-général, plein de satisfaction de la grande faute que faisait son adversaire, et fort inquiet de ce que le mauvais temps l'empêchait d'en profiter.

Sur les huit heures, le temps s'éclaircit. L'Empereur reconnut toute la ligne ennemie, et jugea que l'on pourrait manœuvrer. Il réfléchit un quart-d'heure, dicta son ordre de bataille que deux généraux écrivaient assis par terre, et l'armée se mit en marche sur onze colonnes. Quatre étaient destinées à former la première ligne, quatre la seconde, et trois la troisième.

Les trompettes sonnent; les tambours battent au champ; la musique reproduit les airs qui retracent aux soldats le souvenir de cent victoires. La terre paraît orgueilleuse de porter tant de braves; et l'ennemi qui assiste à ce spectacle magnifique, placé de manière à découvrir presque jusqu'au dernier homme de l'armée française, doit la juger plus nombreuse qu'elle ne l'est réellement.

Les onze colonnes se déployèrent avec tant de précision, qu'il n'y eut pas un moment de confusion dans les lignes, et chacun occupa la place qui lui était désignée dans la pensée du chef. Jamais de si grandes masses ne se remuèrent avec tant de facilité.

La cavalerie légère du deuxième corps, qui formait la première colonne de gauche de la première ligne, se déploya sur trois lignes à cheval sur la chaussée de Nivelles à Bruxelles, à peu près à la hauteur des premiers bois du parc d'Hougomont, éclairant par la gauche toute la plaine, et ayant des grand'-gardes sur Braine-la-Leud; sa batterie d'artillerie légère à droite et à gauche de la chaussée de Nivelles.

Le deuxième corps d'infanterie, où servait le prince Jérôme, formant la deuxième colonne sous les ordres du comte Reille, occupa l'espace compris entre la chaussée de Nivelles et celle de Charleroi ; c'était une étendue de deux mille mètres. Chacune des trois divisions du deuxième corps était sur deux lignes, la deuxième à soixante mètres de la première, ayant son artillerie sur son front, et ses parcs en arrière près la chaussée de Nivelles.

La troisième colonne, formée par les quatre divisions d'infanterie du premier corps, sous les ordres du comte d'Erlon, appuya sa gauche à La Belle-Alliance, et sa droite vis à vis les fermes de Papelotte et de La Haie, où était la gauche de l'ennemi. Ces divisions, placées aussi sur deux lignes, avaient leur artillerie dans l'intervalle des brigades.

La cavalerie légère du premier corps, qui formait la quatrième colonne, se déploya sur trois lignes à l'extrémité de la droite, avec son artillerie légère. Cette cavalerie observait La Haie, Frichermont, et jetait des postes sur Ohain pour surveiller les flanqueurs de l'ennemi.

La première ligne était à peine formée, que

les têtes des quatre colonnes de la deuxième ligne arrivèrent au point où elles devaient se déployer. C'étaient d'abord les cuirassiers du comte de Valmy qui s'établirent sur deux lignes distantes de soixante mètres l'une de l'autre, appuyant leur gauche à la chaussée de Nivelles, à deux cents mètres de la deuxième ligne du deuxième corps, et leur droite à la chaussée de Charleroi. L'espace qu'ils mesuraient était de deux mille deux cents mètres. Une de leurs batteries prit position sur la gauche, près la chaussée de Nivelles ; l'autre sur la droite, près de la chaussée de Charleroi.

La deuxième colonne, qui se composait de deux divisions du sixième corps, commandées par le comte de Lobau, se porta à cent mètres derrière la deuxième ligne du deuxième corps; elle resta en colonne serrée par divisions, occupant environ deux cents mètres de profondeur, le long et sur la gauche de la chaussée de Charleroi, avec une distance de vingt mètres, entre les deux masses de divisions ; son artillerie sur son flanc gauche.

La troisième colonne, celle de la cavalerie légère, sous les ordres du général Domon, suivie par celle du général Subervie, se plaça en colonnes serrées par escadrons, la gauche appuyée à la chaussée de Charleroi, sur l'alignement du comte de Lobau, dont elle n'était séparée que par cette chaussée ; son artillerie légère occupait son flanc droit.

La quatrième colonne, formée par les cuirassiers du comte de Milhaud, se déploya sur deux lignes à soixante mètres d'intervalle et à deux cents mètres derrière la deuxième ligne du premier corps, la gauche appuyée à la chaussée de Charleroi, la droite dans la direction de Frichermont. Ce corps occupait une étendue d'environ dix-huit cents mètres; ses batteries étaient, l'une sur la gauche près de la chaussée de Charleroi, et l'autre sur son centre.

Avant que cette deuxième ligne ne fût formée, les têtes des trois colonnes de la réserve arrivèrent à leur point de déploiement. La grosse cavalerie de la Garde se plaça à deux cents mètres derrière les cuirassiers du comte de Valmy, en bataille sur deux lignes, à soixante mètres d'intervalle ; la gauche du côté de la chaussée de Nivelles, la droite vers Charleroi, l'artillerie au centre.

L'infanterie de la Garde se déploya sur six lignes, chacune de quatre bataillons, à distance de vingt mètres l'une de l'autre, à cheval sur la route de Charleroi, et un peu avant la ferme de Rossomme. Les batteries d'artillerie appartenant aux différents régiments se placèrent sur la gauche et la droite; celles à pied et à cheval de la réserve, derrière les lignes.

Enfin, la troisième colonne, les chasseurs à cheval et les lanciers de la Garde, se déploya sur deux lignes à soixante mètres d'intervalle, et à deux cents mètres derrière le général Milhaud, la gauche à la chaussée de Charleroi, et la droite du côté de Frichermont, son artillerie légère sur son centre.

A dix heures et demie, tout le mouvement était achevé, les troupes occupaient leurs positions. L'armée se trouvait ainsi rangée sur six lignes, chacune d'elles formait la figure d'un V très ouvert. Les deux premières d'infanterie, ayant la cavalerie légère sur les ailes; la troisième et la quatrième de cuirassiers; la cinquième et la sixième de la cavalerie de la Garde perpendiculairement placées au sommet des six V; et le sixième corps (Lobau), ainsi que les divisions de la cavalerie Domont et Subervie, en colonnes serrées, perpendiculairement aux deux lignes d'infanterie du premier corps.

Les chaussées de Charleroi et de Nivelles étaient libres, et donnaient des moyens de communication pour que l'artillerie de réserve pût arriver rapidement sur les divers points de la ligne.

Les vieux soldats qui avaient assisté à tant

de combats, admiraient ce nouvel ordre de bataille ; ils cherchaient à pénétrer les vues ultérieures de leur général ; ils discutaient le point et la manière dont devait avoir lieu l'attaque. Pendant ce temps, l'Empereur donna ses dernières instructions, et se porta à la tête de la Garde au sommet des six V, sur les hauteurs de Rossomme. De là, il découvrait les deux armées : la vue s'étendait fort loin à droite et à gauche du champ de bataille, et dans la position centrale où il s'était placé, il avait dans sa main toutes les réserves pour les diriger utilement.

Lorsque les Français se déployèrent et se mirent en mouvement, les troupes anglaises prenaient leur repas sur leurs places de bataille qu'elles occupaient depuis les premières heures du jour. La marche de nos colonnes les fit courir aux armes; lord Wellington se porta sur la ligne, afin de reconnaître si ses dispositions répondaient bien au plan d'attaque dont il était menacé.

Sa droite s'appuyait à un ravin au delà de la route de Nivelles. Elle occupait, par un détachement le château d'Hougomont situé à quatre cents mètres en avant de son front ; nous l'avons dit.

Le centre gardait Mont-Saint-Jean et appuyait par sa gauche à la chaussée de Charleroi : il protégeait la ferme de la Haie-Sainte avec une de ses brigades.

La gauche de l'armée anglaise revenait à la chaussée de Charleroi par sa droite, et tenait sa gauche en arrière du village de La Haie où elle avait un fort détachement.

La cavalerie, rangée à la hauteur de Mont-Saint-Jean, garnissait tous les derrières de la ligne de bataille. C'était encore vers ce point, qui formait l'intersection des chaussées de Charleroi et de Nivelles à Bruxelles, que lord Wellington avait placé sa réserve.

Un historien anglais, sir Alison, a essayé de décrire ces manœuvres préparatoires et le moment si solennel qui précéda la bataille. Nous le citons avec d'autant plus d'empressement, que c'est le seul des écrivains de son pays que l'on puisse avouer à l'endroit de cette campagne ; encore a-t-il fait erreur sur le chiffre de nos bataillons et de nos escadrons.

« Du côté des Français, dit sir Alison, onze colonnes se déployaient simultanément pour aller occuper leurs positions. Pareilles à d'énormes serpents revêtus de leurs éblouissantes écailles, elles défilaient lentement le long des collines opposées, au milieu d'un bruit continuel des trompettes et du roulement des tambours de cent quatorze bataillons et de cent douze escadrons.

» Bientôt, l'ordre parut sortir du chaos : quatre de ces colonnes vinrent se placer sur la première ligne ; quatre sur la seconde, et trois sur la troisième.

» Ces forces redoutables étaient rangées en un magnifique ordre de bataille, et les soldats anglais contemplèrent avec admiration leurs glorieux antagonistes. Deux cent cinquante pièces de canon, rangées le long de la crête de la montagne en avant de la ligne, avec leurs mèches allumées, semblaient un terrible présage du conflit qui approchait.

» Sur la première et la seconde ligne, l'infanterie, flanquée par d'épaisses masses de cavalerie, se tenait dans un ordre merveilleux.

» Vingt-quatre escadrons de cuirassiers, rangés derrière les deux extrémités de la seconde ligne, resplendissaient déjà aux rayons du soleil.

» Au troisième rang, les grenadiers, les dragons, les lanciers et les chasseurs à cheval de la Garde se faisaient remarquer par leurs brillants uniformes et leurs armes étincelantes.

» Enfin, tout à fait à l'arrière, les vingt-quatre bataillons d'infanterie de la Garde, sombres et massifs, occupaient les deux côtés de la route près de la Belle-Alliance ; ils étaient comme destinés à finir la lutte.

» L'armée anglaise ne présentait pas un spectacle aussi imposant, parce qu'elle était en partie cachée par la courbure de l'éminence sur laquelle elle se tenait. Elle était formée presque entièrement en carrés, avec la cavalerie à l'arrière et les pièces de canon habilement disposées le long du sommet de la colline.

» Aucun bruit de trompettes, aucun roulement de tambours ne retentissaient dans les rangs. Comme les anciens Grecs, les hommes prenaient leurs places en silence ; et dans leurs lignes nombreuses, on n'entendait guère que le fracas des canons qui roulaient, et de temps à autre, le mot de commandement des officiers.

» La grande dispute qui avait duré vingt-deux ans allait enfin aboutir à un résultat final. Pour l'armée anglaise, la retraite après le désastre serait difficile, sinon impossible, à travers les étroits défilés de la forêt de Soignes. Pour les Français, la défaite c'était la ruine.

» Jamais deux armées si fameuses, commandées par deux chefs si célèbres, et animées de sentiments si héroïques, ne s'étaient encore trouvées en contact dans l'Europe moderne ; jamais lutte n'avait eu pour enjeu de si grands intérêts. »

Nous ne pouvons avoir la crainte de paralyser l'impatience du lecteur qui se trouve, quel qu'il soit, initié à l'avance aux incidents d'un drame que l'on discute depuis tantôt quarante années. Qu'on nous permette donc une digression.

Napoléon s'avance avec son armée sur onze colonnes. Il veut établir son ordre de bataille, et il prend les quatre premières colonnes pour sa première ligne ; la seconde ligne se forme avec les quatre colonnes suivantes ; enfin les trois dernières vont occuper la troisième ligne ou la réserve. Deux lignes et une réserve, les principes sont ainsi posés.

Cependant, nous voyons que l'armée française se trouve en définitive rangée sur six lignes très distinctement détaillées, chacune d'elles formant un V très ouvert.

D'où vient cette confusion ? De ce que chaque ligne, dira-t-on, se dédouble et forme une ligne secondaire. — Sans doute ; et l'on peut même admettre que les généraux chargés du commandement des troupes, n'y verront aucun embarras.

Mais bientôt, nous lisons que la seconde ligne s'avance ; que la troisième est appelée pour réparer les malheurs occasionnés dans les deux premières : quelles parties de l'ordre de bataille, quelles lignes veut-on désigner?

Et lorsque dans un temps que nous ne saurions dire, et qui doit pourtant arriver, les changements survenus dans nos armes de guerre auront modifié les éléments de la tactique, ce sera bien un autre embarras, et nous léguerons à nos successeurs les difficultés où nous mettent les auteurs latins chez lesquels on trouve la même négligence.

Pour ne parler ici que du point qui nous occupe, combien de discussions grammaticales n'a-t-on pas élevées sur le mot *acies* que nos glossaires traduisent par le mot *ligne*, quoiqu'il ait au moins trois ou quatre autres significations.

Ces difficultés se présentent fréquemment. Et pourquoi ne dirions-nous pas (puisque nous sommes en état de le prouver) que, faute de vouloir consulter les écrivains militaires, qui ont fini par débrouiller la matière, il n'est pas aujourd'hui un professeur de l'Université capable de traduire correctement les auteurs qu'il est chargé d'expliquer à ses élèves.

Pour indiquer les diverses divisions dans

l'ordre de bataille, nos auteurs du moyen-âge y mettaient plus de clarté. Ils disaient, la première, la deuxième ou la troisième *bataille*, désignant ainsi chacune de nos trois lignes primordiales qui pouvaient conserver les noms de leurs subdivisions.

Comme il s'agit ici de tactique, on pourrait employer le mot *front ;* car en stratégie ce mot présente une signification différente. Mais par une autre négligence, passée en habitude parmi les écrivains français, ils confondent la tactique avec la stratégie.

C'est sur la carte que se décide *la Stratégie*, qui n'est que le plan de campagne ; tandis que *la Tactique* est l'art de manœuvrer sur le terrain où se livrent les combats. Ces deux branches bien distinctes de la science se complètent par *la Logistique*, qui vient de maréchal-des-logis (comme on disait autrefois), et dont la mission était d'amener les troupes sur les points tactiques indiqués par la stratégie.

Il suffit souvent d'une seule de ces trois opérations, bien conçue ou conduite avec intelligence, pour décider le résultat d'une campagne ; et Napoléon est, je crois, le seul des grands capitaines chez lequel cette science des combinaisons et des marches fut réunie à un degré de perfection aussi éminent.

Il le prouvait en 1800, alors que l'on plaisantait si agréablement en Angleterre sur les invalides de l'armée de réserve réunie à Dijon, et qu'à la suite du plan de campagne le plus hardi, Napoléon faisait filer ses troupes avec tant d'art, qu'elles arrivaient secrètement au pied des montagnes. Le Saint-Bernard était franchi, et Mélas battu par une manœuvre habile, avant que le passage des Français en Italie fût connu de l'autre côté des monts.

La campagne de 1815, qui nous occupe, et dont le plan fut si admirable, offre peut-être le plus bel exemple de logistique dont les annales de la guerre fassent mention. Entouré de traîtres et d'espions comme il l'était, Napoléon tombant avec cent vingt mille hommes sur ses adversaires qui discutent à quatre-vingts lieues de lui, au milieu des fêtes, le meilleur plan d'opérations à suivre pour le forcer de quitter sa capitale, voilà de ces coups de maître, qui font l'éternelle admiration des connaisseurs.

L'ordre de bataille primitif de Napoléon présentait l'idée d'une attaque sur les deux ailes en refusant le centre. La bataille d'Ilinga et le résultat des deux journées de La Trebbia et de Cannes, nous montrent chez les anciens une application savante de cette disposition que Végèce nous enseigne dans ses *Institutions militaires*. Nous en retrouvons encore un exemple dans la ligne brisée et rentrant vers le centre que formèrent les Anglais aux deux journées de Crécy et d'Azincourt.

Mais en prenant dès l'abord une disposition semblable, Napoléon rusait avec son ennemi. Nous allons dire quel était son véritable plan d'attaque, ou plutôt nous allons encore laisser la parole au général Jomini. Nous nous plaisons à le citer, c'est notre maître; et sur cette question, nous ne reconnaissons à aucun écrivain, sous quelque forme qu'il se présente, le droit d'infirmer ses jugements. On verra s'il est vrai, comme ils le prétendent presque tous, que Napoléon ait voulu attaquer le taureau par les cornes. Les historiens vont jusqu'à dire qu'il tourna le dos à ses troupes pendant une partie de la journée: comme si l'on ne transportait pas jusque sur le champ de bataille les cartes du cabinet; comme si les yeux du corps, pour s'éclairer, n'avaient pas besoin d'emprunter ceux de l'intelligence!

Écoutons donc le général Jomini.

« L'opportunité de livrer bataille étant bien reconnue, dit-il, restait à savoir quel système serait le plus convenable pour attaquer les Anglais. Manœuvrer par la gauche pour déborder leur droite était difficile et ne menait à rien de décisif; ce n'était pas une bonne direction stratégique, puisque cela éloignait entièrement du centre d'opérations qui se rattachait naturellement par la droite à Grouchy et au chemin de Lorraine: outre cela, l'aile droite ennemie était protégée par la ferme d'Hougomont et par les deux grands bourgs de Braine-la-Leud et de Merbe-Braine.

» Attaquer avec la droite pour écraser la gauche des Anglais était bien préférable, puisque cela maintiendrait en relation directe ou en ligne intérieure avec Grouchy, et empêcherait la jonction des deux armées ennemies; mais pour gagner en masse cette extrême gauche, il aurait fallu s'étendre au-delà de Frichermont, laisser à découvert la ligne de retraite et se jeter dans le pays fourré de Saint-Lambert, où une défaite eût été sans remède.

» Il restait à Napoléon un parti moyen à prendre, celui de renouveler la manœuvre de Wagram et de la Moskowa, c'est-à-dire, d'assaillir la gauche en même temps qu'il enfoncerait le centre. C'est un des meilleurs systèmes de bataille que l'on puisse adopter, et il avait souvent réussi. Forcer uniquement le centre est difficile et dangereux, à moins que le centre ne se trouve un point faible et dégarni, comme à Austerlitz, à Rivoli, à Montenotte ; or, on ne trouve pas toujours des ennemis assez complaisants pour vous procurer un tel avantage. Mais faire effort sur une aile, la déborder et fondre en même temps avec une masse sur le point où cette aîle se rattache au centre, c'est une opération toujours avantageuse quand elle est bien exécutée.

» Napoléon résolut donc de la tenter. Toutefois, au lieu de réunir le gros de ses masses contre la gauche, comme à la Moskowa, il les dirigea sur le centre ; l'extrême gauche ne dut être assaillie que par la division formant la droite du corps d'Erlon, qui attaquerait Papelotte et La Haie ; Ney dut conduire les trois autres divisions à droite de La Haie-Sainte ; le corps de Reille appuierait ce mouvement à gauche de la chaussée de Mont-Saint-Jean ; les divisions Bachelu et Foy entre cette chaussée et la ferme d'Hougomont ; celle de Jérôme, attaquerait cette ferme, point saillant de la ligne ennemie, dont Wellington avait fait créneler le château et le parc, et où il avait placé les gardes anglaises. Le comte de Lobau, avec le sixième corps et une masse de cavalerie, suivrait en troisième et en quatrième ligne au centre, à droite et à gauche de la chaussée, pour appuyer l'effort de Ney sur La Haie-

Sainte ; enfin, vingt-quatre bataillons de Gardes et les cuirassiers du duc de Valmy seconderaient au besoin le choc décisif en cinquième et sixième ligne.

» Tel fut le plan que plusieurs incidents vinrent déranger, et que Napoléon peut livrer sans crainte à l'examen des maîtres de l'art. Il ne pouvait rien faire de mieux, si ce n'est de porter ses réserves un peu plus près de sa droite, pour donner plus de vigueur à l'effort entre Papelotte et la chaussée de Charleroi. »

C'était le dimanche 18 juin à onze heures et demie du matin. Placé sur les hauteurs de Rossomme, d'où le champ de bataille lui apparaissait dans toute son étendue, Napoléon venait à peine de donner ses derniers ordres pour commencer l'attaque, lorsqu'en faisant un examen plus attentif de son terrain, il lui sembla voir dans la direction de Saint-Lambert des troupes sous l'apparence d'un nuage. Il appela son major-général.

— Maréchal, lui dit l'Empereur, que voyez-vous sur Saint-Lambert ? — J'y crois voir cinq à six mille hommes, répondit-il ; c'est probablement un détachement de Grouchy.

Cette première idée était assez naturelle. En effet, si le maréchal de Grouchy avait quitté Gembloux au point du jour, la Dyle pouvait être franchie d'assez bonne heure pour que ses troupes se montrassent en ce moment sur les hauteurs de Saint-Lambert.

Toutes les lunettes de l'état-major furent tournées vers ce point. Le temps était brumeux. Les uns soutenaient, comme il arrive en pareille occasion, que ces masses noires étaient des arbres ; d'autres distinguaient des colonnes en position.

L'Empereur fit appeler le lieutenant-général Domon et lui ordonna de se porter avec sa division de cavalerie légère et celle du général Subervie pour éclairer sa droite ; communiquer promptement avec les troupes qui arrivaient de Saint-Lambert ; opérer la réunion si elles appartenaient au maréchal de Grouchy, ou les contenir si elles étaient ennemies. Ces trois mille hommes de cavalerie se portèrent rapidement à cinq mille mètres, et s'y rangèrent en potence sur toute la droite de l'armée.

Un quart d'heure après, un officier de chasseurs amena un hussard noir prussien fait prisonnier par les coureurs d'une colonne volante qui battait l'estrade entre Wavres et Planchenois. Une lettre, dont il était porteur, adressée au duc de Wellington, le prévenait de l'arrivée du général prussien Bulow avec trente mille hommes. C'était son avant-garde que l'on apercevait à Saint-Lambert.

Le duc de Dalmatie expédia sur le champ au maréchal de Grouchy la lettre interceptée ; il lui réitéra l'ordre de marcher sur Saint-Lambert et de prendre à dos le corps du général Bulow. Par la dernière nouvelle datée de Gembloux, on savait que le maréchal de Grouchy devait à la pointe du jour se porter sur Wavres ; or de Wavres à Gembloux il n'y a que trois lieues : soit qu'il eût ou non reçu les ordres partis dans la nuit du quartier impérial, il devait être actuellement engagé devant Wavres. On n'apercevait aucune trace de son armée ; on n'entendait aucun coup de canon.

Peu après, le général Domon envoya dire que ses coureurs avaient rencontré des patrouilles ennemies, et que l'on pouvait tenir pour sûr que les troupes au devant desquelles il s'avançait n'étaient pas les nôtres.

Il n'y avait donc plus lieu de douter que le passage de la Dyle par le maréchal de Grouchy n'eût été retardé. Mais quelle était la cause de ce retard, voilà où portait l'incertitude. Le maréchal n'avait certainement pas éprouvé une défaite, car nulle détonnation d'artillerie ne s'était fait entendre, et l'arrivée des Prussiens à cette heure, prouvait que le lieu du combat n'aurait pas dû être éloigné. Cependant l'interposition d'un corps ennemi entre l'armée française et son aile droite, était toujours un présage défavorable.

L'Empereur fit ordonner immédiatement au comte de Lobau de traverser la chaussée de Charleroi, et de soutenir la cavalerie légère en choisissant une bonne position intermédiaire où il put avec dix mille hommes en contenir trente mille (*a*).

Mais ces événements portaient du change-

---

(*a*) On reconnaît le tact de Napoléon. En donnant cet ordre au comte de Lobau, il s'adressait au général le plus capable de tirer parti des accidents d'un terrain pour inquiéter un adversaire et retarder sa marche. C'est ce qui constitue la science des manœuvres; science moins commune qu'on ne veut le croire, car elle exige des qualités particulières que l'on ne trouve pas toujours chez les généraux auxquels on ne saurait d'ailleurs refuser des capacités.

Parmi les militaires qui ont pu s'inspirer à cette grande école, nous nommerons en première ligne le général Schramm dont les services ont tant d'éclat; et le général Guillabert, officier supérieur depuis 1813, et attaché pendant la campagne de Belgique à l'état-major du comte de Lobau.

La guerre d'Orient vient de mettre en évidence le général Bosquet, qui comprend admirablement cette partie de la science, et, jeune encore, marche déjà à la hauteur de ses devanciers.

ment dans le premier plan de l'Empereur. Affaibli sur le champ de bataille de dix mille hommes, ce n'est plus, on le voit, que cinquante-huit mille qui vont en attaquer quatre-vingt-dix mille. Quelques instants encore, et l'armée ennemie doit s'augmenter de trente mille hommes ; il nous faudra donc nous mesurer un contre deux.

Le feu s'ouvrait à l'extrémité de notre aile gauche contre le bois et le château d'Hougomont. Six bataillons de la division du prince Jérôme s'avancent en colonnes d'attaque ; on combat quelque temps sur ce point avec des succès variés. Nos troupes parvinrent à s'emparer de la moitié du bois jusqu'au fossé qui le protégeait, et à s'y établir vers une heure. Le duc de Wellington fit avancer de nouvelles troupes, et la division du prince Jérôme fut repoussée. La moitié du bois resta définitivement en notre pouvoir, mais il ne fut pas possible de se rendre maître du château qui était crénelé, et dont on avait fait un poste de campagne assez fort pour le mettre à l'abri d'un coup de main. Le prince Jérôme, blessé pendant cette lutte acharnée, ne quitta pas sa division.

L'importance que le duc de Wellington attachait à la position de ce château était d'un bon augure pour le succès de l'attaque du centre et de l'aile opposée où la cavalerie légère du maréchal Ney se présentait pour échanger d'abord quelques coups de canon. Mais en prolongeant le combat sur notre gauche, on pouvait espérer d'y attirer une partie des réserves de l'ennemi.

Quand Napoléon eut jugé que le moment était venu d'arrêter une résistance qui commençait à devenir trop meurtrière, il fit appeler le comte Reille. — Huit obusiers, lui dit-il, en désignant la place qu'ils occupaient. Au bout d'un quart-d'heure, cette batterie incendiait le château.

A notre droite cependant, les quatre-vingts pièces de canon qui couvrent le premier corps, se font entendre.

Végèce, voulant expliquer sa quatrième disposition dans le chapitre si célèbre où cet écrivain traite des *Ordres de bataille*, s'exprime ainsi : « Dès que vous serez arrivé en ligne à quatre ou cinq cents pas (géométriques) de l'ennemi, que vos ailes se détachent et fondent vivement sur les siennes. Vous pouvez l'effrayer par cette attaque rapide à laquelle il ne s'attend pas et remporter une pleine victoire, surtout quand vos ailes sont vigoureuses; mais si l'ennemi en soutient le premier choc, il aura beau jeu pour battre vos ailes séparées du centre, lequel restera ainsi à découvert sur les flancs. »

Napoléon, qui avait reconnu la force de la position de son adversaire, dut juger qu'il se décidait à passer par les plus grands sacrifices d'hommes pour accepter ce combat de pied ferme. Comme une pareille lutte ne conduisait le général anglais à aucun résultat stratégique, et qu'elle affaiblissait considérablement son armée (ce que lord Wellington pouvait éviter en se ralliant aux Prussiens derrière la forêt de Soignes où il couvrait encore Bruxelles); on comprend mal que Napoléon, dont la pénétration était si grande, n'ait pas trouvé le mot de l'énigme à l'arrivée du corps de Bulow. Il est vrai, nous le répétons, que ses préoccupations étaient plutôt tournées vers Paris que sur le champ de bataille. Avec des troupes constituées comme l'étaient celles de l'armée impériale, avec des soldats dont la supériorité venait de se manifester d'une manière si éclatante au début de la campagne, Napoléon, habitué à maîtriser si souvent la victoire, pouvait bien espérer l'enchaîner encore quelques instants sous ses drapeaux.

Toutefois, on peut croire que s'il avait à former un souhait, c'était celui de voir son adversaire mettre à profit la leçon de Végèce, dût-il en fournir une facile application. Une manœuvre amène des contre-mouvements, et ceux-ci à leur tour font naître des incidents imprévus dont s'empare un chef habile. Mais le général anglais, bien que l'occasion parût s'offrir à lui d'une manière assez belle, resta, vous l'allez voir, dans une inébranlable résolution.

Le maréchal Ney fut chargé de conduire la grande attaque de droite. Elle ne pouvait pas être confiée à un homme plus brave et plus accoutumé à ce genre d'affaires, dit Napoléon.

Il plia le premier corps en quatre colonnes serrées, et l'on pourrait lui reprocher, peut-être, d'avoir donné trop de profondeur à ces masses, sans leur laisser l'espace nécessaire au déploiement qui doit toujours être facile, surtout quand on manœuvre sous le feu de l'ennemi.

Ces colonnes, dans les directions qu'elles prirent, se trouvaient d'ailleurs exposées à un autre danger. Leur flanc gauche restait à découvert du côté de La Haie-Sainte, et tant que le duc de Wellington occupait cette position, il pouvait déboucher de ce point et les surprendre en marche.

Toutefois, deux de ces colonnes abordèrent

résolument la ligne ennemie, et après une lutte vigoureuse dans laquelle le général anglais Picton fut tué, ces troupes commençaient à gagner du terrain, lorsque notre artillerie, qui soutenait l'attaque et balayait le plateau où elle occasionnait un ravage effroyable, voulut suivre le mouvement de l'infanterie pour battre l'ennemi de plus près. Les chevaux, lancés au galop, descendirent assez facilement les pentes de la Belle-Alliance; mais quand les pièces arrivèrent dans le vallon qui séparait les deux armées, elles s'embourbèrent.

C'était dans ce moment même, que la panique venait de s'emparer de l'armée anglaise, à ce point que les fuyards accourant jusqu'à Bruxelles annonçaient l'arrivée triomphante des Français.

Justement effrayé d'une attaque qu'il semblait n'avoir pas prévue, mais dont il comprenait bien toutes les conséquences, lord Wellington saisit le moment. Il désigne la brigade Ponsonby des dragons de la garde anglaise; une ration d'eau-de-vie est distribuée dans les rangs; et ces douze cents cavaliers ont ordre d'ôter les gourmettes de toutes les brides pour que rien n'arrête leur essor impétueux.

Ils arrivent, enlèvent l'aigle du 45e régiment qu'ils culbutent; tombent sur notre artillerie devenue presque immobile, et privée de son infanterie, contrairement aux premiers éléments de l'art de la guerre; désorganisent une trentaine de pièces; puis continuant leur course audacieuse mais désordonnée, s'engagent au travers de l'armée française où l'un de nos régiments, formé en carré à la hâte, parvient à les arrêter.

Napoléon ne put s'empêcher, on le dit, de témoigner son admiration pour *ces terribles chevaux gris*, comme il les nomme (c'étaient les (*Skotsh-Greys*); mais peu soucieux d'ailleurs de les voir poursuivre de telles attaques, il résolut d'en finir avec eux. Napoléon se porte au galop vers la Belle-Alliance, fait avancer les cuirassiers Milhaud soutenus par une brigade de lanciers; en quelques minutes, la cavalerie anglaise est détruite. De ces douze cents dragons d'élite, deux cents à peine peuvent se rallier à l'abri d'un taillis : le général Ponsonby reste parmi les morts (*a*).

---

(*a*) Ce fut contre le 85e de ligne que vint se briser d'abord la charge des dragons anglais. En consultant mes notes sur Waterloo, j'en retrouve une du colonel Chapuis, capitaine de grenadiers dans ce régiment en 1815, et qui peint bien la situation. « Tandis que notre cavalerie, dit-il, nous donnait le spectacle d'une de ces luttes où le courage individuel des Français se montre d'une manière si brillante, nous étions

Le duc de Wellington, voulant soutenir cette charge par un effet extraordinaire, fit avancer une batterie à la Congrève. Les choses nouvelles et propres à frapper l'imagination des hommes, ne doivent point être dédaignées à la guerre; on connaît l'impression que fit sur les Romains l'apparition des éléphants de Pyrrhus. Cependant, il faudrait encore comprendre que ce n'est pas avec du bruit que l'on peut effrayer aujourd'hui les soldats de l'Europe; et nous ne sommes plus au temps où les compagnons de Saint Louis se mettaient à genoux, faisant le signe de la croix, criant merci et miséricorde, lorsque passait le feu Grégeois.

Nous admettons l'avenir dont toutes les inventions sont susceptibles; mais dans l'état d'imperfection actuel des fusées anglaises, il faut bien dire que l'effet en paraît misérable à côté de celui de nos obus.

Au lieu de chercher la diversité des machines de guerre, et augmenter ainsi les embarras

---

au port d'armes. Le feu du 85e avait cessé au roulement des tambours ; le coup de baguette avait fait rentrer les officiers à leur place de bataille ; à l'exercice on n'obéit pas avec plus d'ordre et de précision. Mais la terre, jonchée d'habits rouges et de chevaux gris, montrait assez à nos soldats que c'était au sang-froid et à la fermeté des chefs qu'ils devaient leur salut. »

de la campagne, une haute intelligence vient de les ramener à *l'unité*, cette condition qui forme avec la *mobilité* les deux éléments essentiels de leur puissance sur un champ de bataille. Le nouveau *canon-obusier* pouvant recevoir les boulets pleins ou creux, le Shrapnell, va porter, avec précision, soixante-cinq balles et quinze éclats à douze cents mètres.

La batterie à la Congrève tira environ trois cents fusées; et nos soldats, étonnés d'abord par le sifflement qu'elles produisaient en serpentant, s'aperçurent bien vite de leur peu de justesse. Remarquons d'ailleurs que ce bruit sur lequel on veut tant compter, s'affaiblit à mesure que la trajectoire s'étend, et que s'il peut paraître effrayant au point de départ, il ne l'est plus à l'arrivée de la course.

C'est seulement comme machines incendiaires, que ces projectiles méritent une sérieuse attention, car la légèreté des tubes permet de les transporter sur les points inaccessibles à l'artillerie. Pour cet usage, personne n'ignore que devant Copenhague, les Anglais s'en sont servis avec succès.

Cette question, que l'on pouvait croire définitivement appréciée, se reproduit sous un nouvel aspect dans l'ouvrage publié en 1845 par le maréchal Marmont.

L'apparition d'un livre émanant d'un militaire de tant d'expérience et placé aussi haut que le duc de Raguse, devait exciter un intérêt puissant: ce livre renferme en effet des leçons admirables. Malheureusement on y rencontre aussi des jugements empreints d'une partialité fâcheuse; il n'est même pas exempt d'erreurs.

Nous n'avons point à les signaler ici. Nous dirons seulement que l'auteur de l'*Esprit des Institutions militaires* part d'une idée évidemment forcée lorsqu'il rejette comme inutiles les écrits des anciens qui traitent de la constitution de la guerre; son travail devait donc en subir les conséquences. Par ses définitions incomplètes de la tactique et de la stratégie, on le reconnaît dès l'abord.

Ce que nous nommons proprement la stratégie n'a subi aucun changement. Le plan conçu par Alexandre pour la conquête de l'Asie, l'entrée en Italie d'Annibal, les opérations de César en Espagne contre Afranius et les autres lieutenants de Pompée, sont des faits stratégiques que l'on pourrait imiter encore aujourd'hui, et dont la beauté soutient le parallèle avec les conceptions les plus hardies et les mieux conduites en ce genre.

Nos armées, dit-on, sont plus lourdes, moins faciles à manier, et présentent de grands embarras dans les mouvements préparatoires; aussi trouvons-nous chez les anciens des exemples de marches tellement rapides, qu'elles étonnent l'imagination, et que nous discutons encore sur la longueur du stade ou du parasange dont ils se servaient pour unité de mesure. Cependant leurs soldats étaient bien autrement chargés que les nôtres; et enfin, si nous traînons de l'artillerie, ils avaient leurs machines de guerre. On peut donc admettre que les généraux de cette époque n'étaient nullement étrangers à la science de la logistique, dont le duc de Raguse ne parle même pas, ce qui jette une grande obscurité sur ses deux définitions.

La tactique a changé : elle est susceptible, et très prochainement peut-être, de modifications nouvelles. Est-ce à dire qu'il nous faudrait alors condamner à l'oubli tous les ouvrages où nous trouvons actuellement une source inépuisable d'instruction? Mais ce serait d'ailleurs un fait accompli déjà que ce changement de tactique, si nous adoptions la théorie du maréchal de Raguse sur les fusées à la Congrève.

« Voici, dit-il, comment je concevrais l'emploi de ces fusées : je ferais instruire dans chaque régiment cinq ou six cents hommes pour le service de cette arme nouvelle. Deux chariots suffiraient pour porter cent chevalets, tels que les Autrichiens les ont adoptés ; et à l'ordre donné, ces cent chevalets, servis chacun par trois ou quatre hommes, déploieraient un feu dont on se fait à peine l'idée. Dans ce nouveau système, les fusils n'étant plus qu'accessoires, et les fusées devenant l'arme véritable de l'infanterie, elle a besoin d'une instruction différente. On la divisera en deux parties : la première, chargée des fusées ; la seconde, destinée à l'appuyer et à lui servir de point de ralliement. Alors la proportion des armes doit changer ; il faut plus de cavalerie et moins d'infanterie : une cavalerie exercée d'une manière toute spéciale, habituée à s'éparpiller en tirailleurs, afin de se présenter au feu de l'ennemi avec le moins de chances de destruction ; et cependant prête à se réunir à un signal donné, pour se préparer au choc qui doit suivre l'attaque de l'*infanterie-artillerie.* »

Admettre que l'on peut multiplier utilement et avec cette facilité les projectiles de l'artillerie, n'est-ce pas arriver au renversement de toutes les ordonnances de tactique en usage dans nos armées ? Nous allons donc reprendre les armures du moyen-âge, barder de fer hommes et chevaux, et les précipiter sur les batteries pour les désorganiser.

Mais vous ne prétendez sûrement pas réduire des lignes de bataille à l'immobilité d'une place forte; et, si l'ennemi manœuvre tandis que vos fuséens sont occupés à tirer ce beau feu d'artifice, ne craignez-vous pas qu'il ne vous prenne de revers et ne vous culbute?

Le mélange d'armes si distinctes, qui combattent dans les mêmes rangs, ne doit produire que désordre et confusion. Jamais un officier d'artillerie ne comprendrait qu'on l'obligeât de placer ses pièces en batterie sans lui permettre d'en juger l'effet. A la guerre, on estime moins les coups par leur nombre que par leur portée; et c'est là surtout, que les coups nuls ne comptent pas.

Il semble que l'homme privilégié, qui par la force de son entendement ou à la suite de ses travaux est parvenu aux limites de nos connaissances, veuille toujours en franchir la sphère. Nous l'avons vu, même en littérature où nous supposions qu'il existait des barrières assez solides; et, malgré tant d'anathêmes lancés contre les novateurs et leur école, je cherche le mal que ces écrivains ont produit. Laissons le génie s'égarer; suivons même ses écarts. Les lueurs qu'il projette autour de lui peuvent nous aider à découvrir des routes inconnues.

La charge de la Garde anglaise donne lieu à

deux autres observations. Nous disons d'abord que ce fut le seul mouvement offensif qu'ait tenté le duc de Wellington jusqu'à l'arrivée définitive de l'armée prussienne tout entière, c'est-à-dire jusqu'à neuf heures du soir. Secondement, on peut admettre que si ce général eût fait soutenir vigoureusement son attaque par d'autres escadrons, l'issue de la journée n'eût pas été sans doute pour nous plus funeste ; mais notre cavalerie se trouvant engagée dès ce moment dans un combat qui ne pouvait manquer de devenir opiniâtre, elle n'aurait pu sabrer ou désorganiser la moitié de l'armée anglaise, comme elle le fit plus tard quand elle pénétra sur le plateau.

L'aigle du 45e était reconquise ; le dommage occasionné dans les batteries du premier corps se trouvait réparé. Aucun mouvement ne s'étant fait remarquer dans les positions anglaises, Napoléon ordonna de continuer l'attaque, et d'enlever d'abord La Haie-Sainte dont le maréchal Ney s'empara malgré le feu des bataillons et des batteries placés sur la terrasse de Mont-Saint-Jean.

Pendant cette lutte sanglante, Napoléon parcourait les lignes du premier corps et des cuirassiers Milhaud, sous une grêle de boulets et d'obus qui éclaircissait nos rangs. Le lieutenant-général Desvaux de Saint-Maurice fut emporté près de lui, et cette perte regrettable dans tous les temps, le devenait surtout ici, à cause de la connaissance que ce général avait des positions occupées par nos réserves d'artillerie, dont il était le commandant en chef.

Cependant, si le comte de Lobau, au moyen d'une position habilement choisie, avait contenu avec dix mille des nôtres les trente mille hommes de Bülow, il ne pouvait pas les empêcher de déborder sa droite; de sorte que l'ennemi portait son feu sur les derrières de nos lignes. Ses boulets atteignaient déjà la chaussée qui servait à tous les mouvements de l'armée, et plus loin même, jusque dans le groupe de l'Empereur.

Attentif à ce qui se passe de ce côté, Napoléon envoie sur-le-champ la division Duhesme de la jeune Garde, soutenue d'un détachement de vieille Garde du général Morand, et une batterie de douze de la réserve, pour prolonger la ligne du sixième corps.

La tête de la colonne de la jeune Garde porta sur Planchenois et en chassa l'ennemi. Mais déjà la division Durutte avait enlevé Papelotte, Smohain et La Haie, coupant ainsi la communication entre les Anglais et les Prussiens.

C'était pour Napoléon le moment de renouveler les belles manœuvres de Wagram, en frappant sur le centre et la gauche de l'ennemi; mais on comprend que l'arrivée de trente mille Prussiens qui venaient menacer son flanc droit, en l'obligeant à dégarnir les principaux points tactiques de sa ligne de bataille, purent amener dans son esprit d'autres combinaisons.

Sur ces entrefaites, et par un mouvement spontané dont on cherche encore aujourd'hui la cause, toute la cavalerie française fit irruption sur le plateau de Mont Saint-Jean qu'elle couronna.

L'avalanche qui roule de la montagne, écrase le village, et porte au loin la terreur dans la vallée; l'ouragan, dont le passage impétueux menace de destruction les villes entières, peuvent à peine faire comprendre l'effet produit par l'apparition soudaine de ces dix mille cavaliers.

Des carrés détruits, six drapeaux enlevés, quatre-vingts pièces de canon successivement conquises, la cavalerie anglaise vingt fois repoussée, l'armée entière jetée dans un tel désordre, que les routes s'encombrent et que l'alarme s'en répand de nouveau jusqu'à Bruxelles : tels sont les faits accomplis, durant trois heures, par ces intrépides cavaliers dont on a pu dire que l'on ne saurait dignement raconter les exploits, qu'en empruntant les formes et les expressions les plus poétiques de l'épopée.

Tandis que les soldats anglais tombent sous les sabres de notre cavalerie, comme l'épi sous la faucille du moissonneur, un homme est là dont le sang-froid ne se dément pas un seul instant. La plupart des officiers de son état-major sont tués ou blessés ; lui, cependant, semble se multiplier au milieu de ce carnage sans exemple. Il visite chaque carré, chaque bataillon, et, se portant de préférence sur le point où l'action paraît être plus sanglante, anime de son geste et de sa parole les officiers et les soldats. « Tenez ferme, leur crie-t-il, tenez jusqu'au dernier, mes enfants ! Si vous souffrez qu'on nous batte, que dira de nous l'Angleterre ? » C'était ainsi vers le pays, que Nelson reportait ses pensées à Trafalgar.

Un général que Wellington affectionne, lui envoie demander de faire relever pendant quelque temps sa brigade déjà réduite au tiers. « Dites-lui, répond-il, que la chose est impossible ; lui et moi, et nous tous, tant que nous sommes, nous devons mourir sur la place que nous occupons maintenant. »

Tel Edouard à Crécy, quand on vint lui demander secours pour le prince de Galles, son fils, exposé au péril le plus imminent, se contente de répondre : « Qu'il gagne ses éperons s'il n'est pas mort. »

Mais qui donc commanda ce mouvement de cavalerie si extraordinaire que l'on n'en trouve aucun exemple dans l'histoire ? On dit que le maréchal Ney, après s'être emparé de La Haie-Sainte, et malgré l'ordre que Napoléon lui donnait de se maintenir dans ce poste, jusqu'au résultat définitif de l'attaque de Bülow ; Ney, dit-on, frémissant de ne pouvoir compléter le succès qu'il venait d'obtenir, s'élance avec les cuirassiers du général Milhaud, qu'il trouve à sa portée, et finit par entraîner d'autres escadrons.

Dans cette supposition, il faut encore admettre que la cavalerie de la Garde n'étant pas sous les ordres du maréchal, il ne pouvait en disposer par lui-même. Nous croyons que l'idée de cette grande attaque fut comprise et approuvée de plus haut, si l'on veut absolument qu'elle ne parte pas de là.

Les mots dits par Napoléon: *c'est trop tôt d'une heure*, ne décident rien pour ou contre cette opinion. César avait ses réticences. Napoléon d'ailleurs regardait une bataille comme une action dramatique qui présente son commencement, son milieu et sa fin; et nul ne sut jamais comme lui saisir ce grand drame dans les trois péripéties.

Mais cette lutte, qui nous mettait dans la nécessité de faire pour ainsi dire le siége de chacun des points que nous voulions occuper, ne se trouvait plus dans les conditions des batailles ordinaires. Elles durent ordinairement six heures; il y avait déjà plus de cinq heures que celle-ci était engagée, et nous en touchions à peine le milieu.

Les forces physiques de l'homme ont des limites qu'il faut savoir calculer. Une diversion menaçante pour notre flanc droit venait encore nous affaiblir en nous obligeant de dégarnir nos lignes; on ne pouvait prolonger la lutte indéfiniment. Ce fut donc une inspiration du génie que l'idée de précipiter par un coup de foudre la marche trop lente de l'action; c'était aussi le seul moyen de saisir corps à corps un adversaire que ses retranchements rendaient si redoutable.

« Lorsqu'on approche d'une position fortifiée, dit un des historiens de cette journée, historien recommandable d'ailleurs à plus d'un titre, le regard, embrassant seulement des surfaces, ne peut distinguer les escarpes ni les fossés; le sommet des remparts et celui des glacis ne font qu'un; on doit entrer dans les ouvrages pour en apercevoir les détails. Il en fut ainsi pour l'Empereur à l'occasion du plateau de Mont-Saint-Jean. Des hauteurs où il était placé, Napoléon devait croire que la pente opposée était continue. S'il eût connu l'existence du chemin faisant fossé, et sa profondeur, son point d'attaque aurait été probablement changé, et l'on doit croire qu'il aurait porté son principal effort sur la gauche de Wellington. Mais l'Empereur entrevoyait l'obstacle sans en bien connaître la cause. »

Napoléon ne soupçonnait pas seulement l'obstacle; il le voyait très distinctement, et ne crut pas devoir changer son plan d'attaque, car il portait en même temps sur le centre et sur la gauche anglaise; nous l'avons expliqué.

Il aurait pu forcer le duc de Wellington par des manœuvres; mais on voit que les circonstances le maîtrisaient. Les deux alliés allaient se réunir, et trois cent mille Russes, Autrichiens, Bavarois, arrivés sur le Rhin, seraient en peu de semaines sur la Marne. Que pouvait-on espérer de sa cause, s'il reculait devant l'occasion de combattre l'éternel ennemi de la France, qu'il rencontrait en champ clos pour la première fois?

A midi, quand il donna le signal de l'attaque, Napoléon connaissait la force de la position du Mont-Saint-Jean. Le maréchal Soult, le maréchal Lobau nous ont dit plusieurs fois qu'ils ne s'y trompaient pas non plus. Le regard de l'Empereur avait bien une autre portée.

Demandez au peintre qui voit la toile d'un grand maître, s'il n'y distingue pas mille nuances qui échappent aux yeux vulgaires : il en est de même quand on examine un terrain. Les successions, d'ombre et de lumière à peine sensibles pour les gens du monde, font saillir des aspérités et découvrent des ravins qui n'échappent point à l'œil exercé. C'est ce qu'on nomme le coup-d'œil militaire.

On l'acquiert en se promenant dans la campagne, où l'on peut rectifier peu à peu ses jugements. Polybe, le plus grand historien de l'antiquité, recommande à l'homme de guerre de ne point négliger cette partie si importante de la science, la seule peut-être que l'étude ne puisse pas donner.

En choisissant le terrain sur lequel nous allions lui livrer bataille, le duc de Wellington s'était entouré de toutes les précautions qu'il était possible de prendre contre les deux armes françaises qui lui paraissaient être les plus redoutables, l'infanterie et l'artillerie.

Quant à notre cavalerie, il faut bien avouer qu'elle ne comptait plus dans les armées depuis nos désastres de Russie. La cavalerie anglaise se trouvait plus forte d'un tiers; elle était incomparablement mieux montée que la nôtre. Lord Wellington se crut tranquille de ce côté.

Mais on voit ici ce qui arrive trop souvent à la guerre, comme aussi parfois dans les autres actions importantes de la vie; le général anglais faillit périr par l'endroit qu'il croyait le plus sûr.

Ces pentes glissantes, que l'infanterie française ne pouvait gravir sans s'exposer pendant vingt minutes au feu le plus meurtrier; ces escarpements que l'artillerie ne devait même pas atteindre; la cavalerie les franchit d'un bond : ce fut alors que sa supériorité apparut dans toute son évidence.

Une pareille attaque cependant décidait la victoire, si l'infanterie eût pu aborder le terrain pour la soutenir; elle réussissait encore si la moitié de la cavalerie de notre aile droite fût arrivée seulement à six heures pour seconder ses frères d'armes dont elle entendait l'appel depuis midi; enfin l'armée anglaise était abîmée, anéantie, si ces dix mille cavaliers avaient marché sous la direction d'un chef.

Mais se rend-on bien compte de l'importance

d'un général de cavalerie? A-t-on jamais énuméré combien peu brillèrent, je ne dis pas seulement dans l'armée française, mais au sein même de toutes les armées de l'Europe, pendant notre guerre de vingt-cinq ans.

Dans ses longues méditations de Sainte-Hélène, Napoléon expose avec regret les motifs qui l'empêchèrent d'accepter les services du roi Murat. Ce fut une faute en ce jour où la patrie, si violemment menacée, avait besoin de tous ses enfants.

Les sympathies que Murat excitait, l'eussent fait accueillir encore par l'armée entière; aucun soldat ne se méprenait sur ses grands talents. La fatalité qui maîtrisa les derniers temps de sa vie, devait lui ravir l'occasion la plus belle qui se fût encore offerte à lui de prouver l'importance d'un général de cavalerie, quand il est à la hauteur de sa mission.

« J'aurais percé la ligne anglaise! » s'est écrié Murat douloureusement et plusieurs fois, à la nouvelle de nos désastres.

Murat paraphrasait ainsi le vers que le poète Ennius fit autrefois pour Fabius Cunctator, et qui renferme un sens dont la vérité devait se manifester plusieurs fois en ce siècle : « Un seul homme peut sauver l'État. »

On comprend assez bien en France l'emploi

de la cavalerie légère pour éclairer les armées qui ne peuvent en effet marcher sans elle; et encore peut-on dire qu'il reste de ce côté beaucoup à faire, cette arme n'étant ni assez fortement constituée, ni même assez nombreuse.

Quant à la cavalerie cuirassée qui forme nos réserves, j'en voudrais voir doubler les cadres. Sur le champ de bataille, nous augmenterions ainsi nos moyens d'action d'une force mobile, intelligente, et qu'aucun obstacle ne peut arrêter. « C'est le terrain que l'on gagne, et nullement le nombre des ennemis tués, qui donne la victoire, dit Frédéric II dans ses *Instructions.* »

Je n'entends pas qu'il faille restreindre notre artillerie, dont la puissance n'est pas moins incontestable sur les masses que contre les murailles; mais qui peut douter que l'homme ne soit encore la machine de guerre la plus parfaite?

Nous distinguons trois espèces de cavalerie; cependant je ne vois que la cavalerie *de réserve*, qui, avec son sabre droit, son casque et sa cuirasse, se présente armée d'une manière uniforme et rationnelle. Pourquoi ne pas donner la lance à la cavalerie *de ligne;* et à la cavalerie *légère*, que vous en fassiez des hussards ou des chasseurs, un fusil véritable au lieu de ce mousqueton ridicule qui n'est qu'un jouet d'enfant (*a*)?

Cette observation porte ailleurs. S'il existe un corps dont l'armement doive être l'objet d'une sollicitude toute particulière, c'est incontestablement l'artillerie ; et en raison de son importance, il semble que l'on eût dû y conserver le fusil et en suivre les perfectionnements. Eh bien! de ce côté encore, vous rencontrez le mousqueton.

Admettez l'attaque d'un parc de réserve, livré accidentellement à sa propre défense. Ce cas n'est pas imaginaire; ceux qui ont fait la guerre savent qu'il arrive encore assez fréquemment. Selon l'importance de ce parc, vous pouvez avoir là jusqu'à deux mille hommes, soldats à l'épreuve, et qui, si vous leur donnez des moyens de résistance, sont capables de repousser le coup de main le plus hardi. Dans l'état actuel des choses, une brigade de hussards bien commandée, va sabrer les hommes et enlever les pièces.

L'armement de l'artillerie légère devrait

(*a*) Les expériences qui se font journellement à l'Ecole de cavalerie de Saumur, que le général comte de Rochefort commande avec cette distinction dont il sut marquer toute sa carrière, sont certainement de nature à convaincre les plus incrédules.

être aussi calculé de telle sorte, qu'en cas de surprise, on pût se rallier aux réserves, et tomber ensuite sur les agresseurs. Cette manœuvre est connue ; elle se pratiquait pendant les guerres de l'Empire. Le sabre actuel de l'artillerie légère, s'il offre quelques avantages, ne paraît pas propre à soutenir un choc sérieux.

On objecte que les armes de longueur gênent le service des pièces. Mais je demande comment se sont faites nos grandes guerres; et si aux journées de Friedland, de Wagram et de la Moskowa, où le canon des Français retentit soixante et quatre-vingt mille fois, l'Europe, ébranlée jusque dans ses fondements, ne témoignait pas assez de la vigueur des coups et de leur justesse.

Est-ce que nous trouverions déjà trop pesantes ou trop incommodes, les armes que portaient nos pères, lorsqu'ils foulaient de leurs pieds victorieux le sable brûlant de la Torride comme les neiges du Septentrion? On vit cette décadence à l'époque du Bas-Empire. Les casques et les cuirasses, que la fréquence des combats et des marches rendait si légers aux anciens Romains, devinrent alors des masses insupportables: ce furent les Barbares qui les adoptèrent, car ils commençaient à s'éclairer.

Nous voudrions parler du cheval de guerre, que l'on semble dresser aujourd'hui pour les jeux de l'Hippodrome, en l'habituant à s'arrêter ou à faire volte-face quand il arrive sur l'obstacle qu'il est précisément appelé à renverser. A force de répéter cette fausse manœuvre sur les carrés d'infanterie dans nos camps d'instruction, ne craignez-vous pas de la pratiquer malgré vous sur les champs de bataille. Ceux qui pensent enlever si facilement le cheval avec l'éperon, ne l'ont jamais vu en face du danger. Dans cet instant suprême, alors que le sifflement des balles, les détonnations des armes et la fumée la plus épaisse peuvent à peine dérober à son inquiétude la vue de ce mur d'acier sur lequel vous voulez le précipiter, il faut l'étourdir, le surprendre, et non lui donner le temps ou l'habitude d'apprécier le péril où on l'entraîne.

Ces considérations nous conduisent peut-être trop loin. Une étude comme celle que nous essayons ici, trace elle-même ses limites. Reprenons nos récits.

Les Gaulois passaient pour des cavaliers sans pareils. Ils présentent l'exemple du premier peuple soudoyé pour son adresse et son audace à la guerre, et l'on connaît leur mot à Alexandre qui, les rencontrant jusqu'en Asie, leur demanda s'ils craignaient quelque chose dans le monde. « — Nous ne craignons, répondirent ces hommes simples, que la chute du ciel. »

Nous n'avions point dégénéré de nos ancêtres. Les cavaliers français de Waterloo, bravant pendant trois heures le fer et le feu de toute une armée, quand sous les pieds de leurs chevaux ils sentaient trembler la terre, que pouvaient-ils donc craindre au monde, eux qui ne craignaient plus la chute du ciel?

Un autre fait qui se passa sur ce plateau mérite d'être examiné. Nos cavaliers s'emparèrent successivement de quatre-vingts pièces de canon que l'on ne put déplacer.

Il est d'ordonnance dans l'armée anglaise de dételer les chevaux à l'approche du danger; les soldats du train les emmènent hors de portée, et les artilleurs se réfugient dans les carrés voisins.

Napoléon pouvait bien ignorer cette manœuvre qui mériterait d'être étudiée, bien que je ne pense pas qu'avec les idées qui règnent dans l'artillerie française, on puisse de longtemps décider nos officiers ou même nos simples canonniers à abandonner leurs pièces.

Mais on s'étonne que le maréchal Soult, qui avait combattu tant de fois les Anglais, n'ait pas eu l'idée d'attacher quelques artilleurs aux escadrons pour pratiquer l'enclouage. C'est une opération variable, dira-t-on. Personne ne le conteste; toutefois, je pense qu'avec un clou long et tendre qui puisse se recourber; trempé par le haut, afin qu'on l'abatte d'un seul coup de la hache de campement, un artilleur intelligent (ils le sont presque tous) doit enclouer au moins une pièce à la minute.

Je vais plus loin, et je ne comprends pas davantage qu'au nombre de ces évolutions auxquelles on exerce journellement notre cavalerie dans les charges en fourrageurs, on n'ait jamais songé à introduire l'enclouage. Combien de canons tombés au pouvoir de la cavalerie, comme à Leipzig, ont écrasé en définitive ceux qui les avaient conquis sans pouvoir les garder ! Une pièce enclouée, fût-elle reprise, est une pièce perdue pour la bataille.

Les canons dont s'emparèrent nos cavaliers à Waterloo, appartenaient à la seconde ligne. L'artillerie de la première ligne anglaise avait été démontée par la nôtre qui, moins avantageusement postée, tirait mieux apparemment.

Quand on considère que ces quatre-vingts pièces restées si longtemps en notre possession, et qui formaient à peu près alors tout ce que l'artillerie anglaise avait de disponible, sont précisément celles dont la mitraille abîma notre cavalerie quand elle se vit obligée de quitter le plateau, on conviendra que la fortune nous fut en ce jour bien cruelle. La cavalerie protégeant le ralliement, nous pouvions nous retirer en bon ordre, et peut-être conserver le champ de bataille.

Cette retraite était occasionnée par la présence des autres corps prussiens que Bülow avait devancés. Si l'on s'explique mal que quatre-vingt mille hommes aient échappé à la surveillance de notre aile droite, on se demande aussi comment on put croire que le maréchal Blücher ne ferait pas une tentative désespérée pour se réunir à son allié.

Quoi qu'il en soit, mieux instruit des ressources de notre armée que nous ne paraissions l'être sur les forces de la sienne, jugeant d'ailleurs par l'incertitude des mouvements de l'aile droite, que l'œil du maître n'était plus là, le général prussien retrouva bientôt son audace.

Suivant les préceptes de Frédéric II, dont il était le disciple, Blücher quitta la peau du lion pour celle du renard; trompa son adversaire par de faux mouvements; et, jetant ensuite, à propos, un rideau sur ses derrières, manœuvra si habilement qu'il finit par dérober une marche.

Maître des issues qui conduisent sur le champ de bataille où maintenant la lutte ne peut plus se décider sans lui; animé encore (cela s'est dit) par l'idée malicieuse de punir une trop grande suffisance, Blücher se laissait aller à un accès de gaîté peu en harmonie avec son caractère, et qui semblait, malgré lui, saisir ce vieux Pandour. « Voyons enfin, je suis curieux de voir, répétait-il, comment le gentleman tiendra pendant quatre heures contre ces braves. »

En effet, la première idée du maréchal Blücher était de réunir ses troupes dans une position concentrée, et de ne déboucher qu'à la nuit, espérant surprendre les Français dans le moment de désordre qui suit ordinairement la victoire, car il admettait notre supériorité. Sur cette fausse manœuvre, nous maintenons notre opinion qui ne sera contredite, nous osons l'espérer, par aucun homme de guerre.

Mais *le gentleman*, on peut conserver le mot, qui dans la bouche de Blücher est joli, multipliait tellement ses officiers d'ordonnance, que le général prussien dut, heureusement pour son allié et pour lui-même, renoncer à cette singulière entrée en scène.

« Allons, dit-il, puisque j'avais bien deviné, allons donc à son secours, car je dois remplir ma mission. »

Nous aussi, nous allons remplir la nôtre, et dire comment une faute militaire ouvrit ce passage aux Prussiens.

Que le maréchal de Grouchy, lorsqu'il se mit à la tête des trente-quatre mille hommes placés sous ses ordres, ait pu croire qu'un commandement de cette importance entraînât avec lui une grande latitude d'action ; qu'il ait suivi la conséquence de cette idée, et se soit ensuite trompé dans l'exécution, cela se peut encore admettre : nul général n'est infaillible, et il est bien permis de ne pas accepter des étapes quand on est maréchal de France. Mais puisque M. le comte de Grouchy ne voulait agir qu'en vertu des ordres émanés du chef de l'armée dont il se regardait avec raison comme dirigeant une des ailes, il ne devait pas alors sortir du cercle des opérations qui le liaient à ce chef ; et enfin, s'il y rentrait, se garder d'une fausse manœuvre.

Nous ignorons les ordres verbaux donnés par Napoléon, et nous n'avons pas besoin de les connaître. Avant la bataille, et pendant qu'elle se livre, le duc de Dalmatie, major-général, écrit au maréchal de Grouchy : « Sa Majesté désire que vous vous rapprochiez de nous, afin de vous mettre en rapport d'opérations. — Manœuvrez pour joindre notre droite. — C'est à vous de voir le point où nous sommes pour vous régler en conséquence et lier vos communications. — Faites suivre les colonnes ennemies qui ont pris sur votre droite par quelques corps légers, afin d'observer leurs mouvements, etc., etc. »

Plusieurs de ces dépêches ne sont point parvenues, il faut le dire, et si nous les mentionnons ici, c'est pour arriver au moment où la question se présente sous le point de vue de l'un des principes fondamentaux de la guerre.

Avant de l'aborder, et négligeant l'opinion que nous venons d'émettre, on veut savoir si le maréchal Soult, chargé des fonctions importantes de major-général, établit, avec le commandant de l'aile droite, des relations assez suivies. On cite quatre ordres expédiés au maréchal de Grouchy. Berthier, dit-on, eût fait partir dix ordres, et il ne cessait de s'occuper d'une mission que lorsqu'elle était remplie.

Le maréchal Soult, bien qu'il ne refusât pas d'entrer dans les détails de sa vie militaire, n'aimait pas à parler de cette campagne, et donnait volontiers le change au questionneur. Pressé pourtant un jour, un peu vivement peut-être, de s'expliquer sur un point où tous les historiens semblent d'accord pour lui déverser le blâme, le maréchal me dit que l'on aurait dû lui supposer une assez grande connaissance de la guerre, pour admettre qu'il avait fait tout ce qu'exigeait l'importance de la situation.

De cette réponse sans réplique, il résulte ou que le duc de Dalmatie regardait les instructions remises au maréchal de Grouchy comme suffisantes ; ou bien, ceci semble encore probable, qu'il lui envoya un plus grand nombre d'ordres verbaux qu'on ne le croit communément.

Le maréchal de Grouchy cependant, n'en reçut que deux. Le premier, parti du quartier-général dans la matinée, lui fut communiqué vers quatre heures à Wavres, lorsque ses troupes étaient engagées ; l'autre parvenant à sept heures, on ne pouvait plus songer à une intervention.

Sur ces retards, on n'a pas oublié de crier à la trahison ; accusation banale, qui ne manque jamais à la circonstance, et se reproduit ici parce que l'on ne se fait pas en général une idée des difficultés qui se présentent pour communiquer avec un corps détaché.

L'officier chargé d'une mission part d'ordinaire au moment où il reçoit ses ordres. Si la communication avec le corps qu'il cherche n'est pas directe, et s'il a besoin d'un guide, ce n'est pas sur sa route qu'il le trouvera. Ceux qui ont fait la guerre savent que lorsqu'on opère sur un point, tous les habitants, sans exception, disparaissent dans les bois ou dans les endroits inaccessibles. Les hameaux et les villages deviennent complètement déserts.

Il reste alors à cet officier le moyen que prescrit la règle, c'est de suivre la trace du corps détaché en le prenant à son point de départ. Et ici encore, que d'embarras! Le général, pour cacher sa marche, fait circuler parmi ses troupes les bruits les plus contradictoires ; car il faut tromper les espions. Il arrive ainsi assez souvent, en fin de compte, que pour porter un ordre à un corps distant de quatre lieues, il faudra en parcourir quinze.

C'est une position toujours jalousée par les officiers de troupes, que celle de l'état-major. En toutes choses, nous voyons plus aisément les avantages que nous ne comprenons les inconvénients. Mais tandis que l'armée repose, l'officier d'état-major travaille, quand il ne court pas à travers champs. S'il accomplit sa mission, nul n'est témoin du sang-froid et de la rare intelligence qu'il lui a fallu déployer pour éviter l'embuscade qui l'attend à chaque pas sur sa route; s'il succombe, aucun frère d'armes n'est là pour lui tendre une main amie, pour dire sa conduite intrépide dans la lutte toujours inégale qu'il lui a fallu soutenir. Parmi eux, combien d'actions héroïques sont restées ensevelies sous le silence d'une pelletée de terre !

Revenons aux principes que nous voulons poser ici. L'échiquier stratégique d'une armée, comprenant tout le pays qu'elle cherche à envahir ou bien celui qu'elle est appelée à défendre, il devient impossible d'en tracer d'une manière générale les limites, qui vont s'agrandir ou se restreindre suivant l'importance de l'État que l'on attaque ou que l'on défend.

Il n'en est pas ainsi de l'échiquier tactique. Celui-ci représente le terrain des manœuvres qui préparent ou décident une bataille, et ne doit guère s'étendre au-delà de quatre à cinq lieues ; car il faut que tous les corps agissants puissent recevoir les ordres et les exécuter dans le courant même de l'action.

Le maréchal de Grouchy, formant avec ses troupes l'aile droite de l'armée française, se trouvait dans cet échiquier ; il semble qu'il dût s'y maintenir. Évidemment, la victoire remportée sur l'armée prussienne ne décidait pas le résultat de la campagne ; il restait à vaincre les Anglais.

Quelles que fussent les lenteurs et l'irrésolution qui présidassent depuis la veille à la marche du maréchal de Grouchy, et malgré sa tendance à suivre une direction divergente de la ligne magistrale, toujours guidé par cette préoccupation que Blücher cherchait à couper notre base d'opérations, il advint de fortune au maréchal que se présentant vers onze heures et demie à Sart-à-Walhain avec sa colonne, les premiers coups de canon se firent entendre du Mont-Saint-Jean.

En admettant qu'il n'eût pas connaissance de l'ordre qui lui prescrivait de se tenir constamment entre l'armée prussienne et la route de Bruxelles qu'allait prendre Napoléon, et qu'il eût manœuvré jusqu'alors dans le but d'empêcher Blücher de nous placer entre deux feux en coupant notre base, à cette heure ses craintes devaient se dissiper.

Il ne restait plus aucun doute sur la marche du général prussien ; il était à Wavres, c'est-à-dire à trois lieues de l'armée anglaise et en ligne avec elle. Le terrain compris entre Mont-Saint-Jean, Wavres et Sart-à-Walhain, représentait donc actuellement l'échiquier tactique sur lequel les trois armées allaient agir.

Un échiquier, tel qu'on le prenne, ne peut pas former, on le conçoit, une figure régulière de géométrie. Admettons-le cependant, et du centre situé près de Mont-Saint-Jean, point de contact des deux armées anglaise et française, faisons passer une demi-circonférence qui atteigne Bruxelles, Wavres, Sart-à-Walhain, et même Gembloux : nous traçons ainsi une figure qui acquiert les propriétés du cercle. Elle a ses arcs, ses cordes, ses rayons ; et il est évident que la communication avec le centre sera plus facile par les rayons et les cordes, qu'en parcourant les arcs qui sont des parties de la circonférence.

C'est ce qu'on nomme *garder les lignes intérieures*; maxime qui se formule ensuite en style militaire, quand on dit qu'*il faut marcher au canon.*

Napoléon dut le plus grand nombre de ses victoires à ce système de lignes concentriques, dont il ne s'écarta jamais. César, au contraire, fut battu à Dyrrachium, pour avoir négligé un jour ce principe élémentaire de la grande tactique des batailles.

Il l'avoue ingénuement, et déduit avec clarté les causes de cet échec, César démontrant ainsi au duc de Raguse que la lecture de ses *Commentaires* peut non seulement satisfaire la curiosité, mais offrir encore une instruction aussi utile qu'applicable.

Ces idées incomplètes sur les ouvrages

militaires des anciens, partent d'un livre du dernier siècle, écrit par Mauvillon, et dans lequel on lit, entre autres choses singulières, « qu'un bon major conduirait aujourd'hui, à Leuctres, la manœuvre d'Epaminondas. »

Certainement ; car *un bon major* doit conduire toutes les manœuvres. Mais l'artiste, si distingué fût-il, que l'on charge de faire exécuter l'œuvre d'un grand maître, en devient-il donc pour cela le créateur? Epaminondas, éclairé par les rayons de sa gloire, lorsqu'il arracha de son sein le javelot fatal, léguait avec orgueil à la postérité ses deux filles immortelles, *Leuctres* et *Mantinée.*

Cependant, l'armée entière du maréchal de Grouchy se sentait émue d'une canonnade dont la progression croissante annonçait que la grande lutte entre les deux ennemis irréconciliables était enfin engagée.

Gérard, Excelmans, pressaient le maréchal de passer la Dyle et de marcher par la rive gauche, afin de se rapprocher de l'armée principale. Le général de Rumigny, encore aide-de-camp du comte Gérard, mais qui, par ses beaux services sous l'Empire, avait acquis déjà une grande expérience de la guerre, plaça son oreille contre terre, et jugea de suite de la force et de la direction des coups.

« Monsieur le maréchal, disait Excelmans, un feu si nourri prouve que les armées sont en présence. Nous devons marcher droit sur la canonnade, nous arriverons pour y prendre part.»

Le maréchal hésita. Toutefois, quelques moments après, lui montrant ses instructions, il avoua qu'il n'osait prendre sur lui une telle responsabilité, car Blücher pouvait se porter sur Fleurus et tourner sa droite.

Le comte Gérard insistait plus vivement encore.

« C'était hier, disait-il au maréchal, que vos instructions vous prescrivaient de marcher sur Wavres; vous avez jugé ne pas pouvoir le faire, parce que vous étiez incertain des mouvements de Blücher: aujourd'hui, il est évident que l'armée prussienne a gagné sur nous une marche, et pendant que nous irons la chercher à Wavres, elle peut se porter ailleurs. En nous dirigeant vers un feu aussi épouvantable, nous sommes sûrs de trouver à qui parler. »

Le général Valazé était accompagné d'un guide qui avait revêtu son ancien uniforme de la garde impériale. — Où est le feu, lui demanda le général ? — Vers le Mont-Saint-Jean, répondit le soldat. — Il faut marcher dans cette direction, disait le comte Gérard. — Au canon! répétaient le général Valazé, le colonel Simon-Lorrière qui, le premier, avait cru entendre les détonnations de l'artillerie; et le colonel Bricqueville, dont les dragons prétendaient voir jusqu'à la lueur des obus.

Le maréchal lui-même, qui brûlait de prendre part à la bataille, ébranlé d'abord, paraissait enfin convaincu. Déjà ses dispositions étaient arrêtées pour se diriger sur Saint-Lambert, lorsque son avant-garde s'engagea du côté de Wavres, et au même instant un avis émané d'une personne de confiance, lui fit connaître que toute l'armée prussienne était là.

Trompé par ce faux rapport attribué, à tort sans doute, au général Vandamme, que nos ennemis eux-mêmes accusent de jalousie, le maréchal crut malheureusement agir pour le mieux et reprit son premier mouvement.

Le canon du Mont-Saint-Jean continuait de se faire entendre avec tant de violence, qu'en arrivant à Wavres, le général Excelmans crut devoir soumettre au maréchal de nouvelles représentations. Le comte Gérard revenait de son côté : il faisait observer que le corps auquel on avait affaire pouvait n'être qu'une arrière-garde, et que sans perdre du temps et des hommes, il était plus prudent de tourner la position de Wavres, en passant la Dyle plus haut. Ce fut peu de moments après que le général Gérard tombait atteint de la blessure la plus grave (*a*).

Le mouvement du maréchal Blücher sur Saint-Lambert fut décisif; cependant, on le blâme à cause de sa hardiesse. Nous voyons que la situation est d'ailleurs parfaitement comprise par un écrivain militaire prussien.

« Si l'on considère la position de cette armée, dit-il, dans la supposition que le duc de Wellington ait été battu, et que le maréchal de Grouchy, ce qui était cependant possible, arrivât pendant la bataille par Limale à La Cha-

---

(*a*) Voici un témoignage qui peut détruire l'accusation portée contre Vandamme. Je le prends dans les *Souvenirs sur le retour de Napoléon et la campagne de* 1815, par M. Lefol, trésorier de l'Ecole militaire de Saint-Cyr. Son oncle, le général Lefol, dont il était aide-de-camp, commandait une des divisions du troisième corps sous les ordres de Vandamme. « Nous formions la tête de la colonne, dit-il, et lorsque nous eûmes dépassé d'une lieue le village de Sart-à-Walhain, on s'occupa de faire la soupe. C'est pendant ce temps, qu'entendant le canon vers notre gauche, le général Lefol m'envoya en prévenir le général Vandamme, et celui-ci, à son tour, m'ordonna de courir bride abattue vers le maréchal de Grouchy. Je le trouvai à Sart-à-Walhain J'ignore si le maréchal avait déjà été prévenu de la nouvelle que je lui apportais, mais ce que je puis affirmer, c'est qu'aussitôt après m'avoir entendu, il donna l'ordre de monter à cheval. »

pelle-Saint-Lambert, il faut convenir qu'on aurait pu difficilement rencontrer une position plus dangereuse. Le premier corps était séparé du deuxième, celui-ci du quatrième, et ce dernier à son tour du premier par des défilés; tous l'étaient, par l'ennemi même, du troisième corps. Les chemins de traverse par la forêt de Soignes étaient rendus impraticables pour l'artillerie par une pluie de deux jours; les chaussées auraient été occupées par l'ennemi. »

En effet, le quatrième corps (Bülow), était dans les défilés de Lasne; le deuxième (Pirch), dans ceux de Saint-Lambert; le premier (Ziethen), dans ceux de Genval; et le troisième (Thielmann), à Wavres. Il est évident que les deuxième et quatrième corps auraient été culbutés et dispersés.

Blücher avait voulu conduire en personne les corps de Pirch et de Ziethen, dont l'effectif dépassait cinquante mille hommes. Il sortait des défilés à six heures du soir, lorsqu'il entendit les premiers coups de canon tirés par le maréchal de Grouchy devant Wavres, où il avait laissé Thielmann avec vingt mille hommes. En même temps on vint lui dire que son lieutenant, attaqué par des forces supérieures, était obligé de céder du terrain, et que même on se disputait déjà la ville.

« Le feld-maréchal ne fut pas inquiet de cette nouvelle, dit le rapport du général Gneisenau. C'était sur le lieu où il était, et non pas ailleurs, que l'affaire devait se décider. Si on pouvait l'emporter sur ce point, tout revers du côté de Wavres était de peu de conséquence. »

Il fit donc dire à son lieutenant de se défendre de son mieux, de se maintenir sur la Dyle, puisque les circonstances ne permettaient pas de faire un détachement pour le secourir ; et il donna l'ordre à ses colonnes de continuer leur marche.

Les mêmes écrivains qui critiquent la pensée première de cette marche de flanc exécutée si audacieusement par Blücher, en présence de trente-quatre mille hommes, exagèrent par trop ensuite les difficultés de terrain que l'armée prussienne rencontra dans sa route.

Le voyageur qui passe à La Chapelle-Saint-Lambert a besoin, disent-ils, de l'affirmation de tous les vieux habitants pour croire qu'une armée composée d'infanterie, de cavalerie et d'artillerie ait pu traverser ces défilés.

Mais s'il faut se garder pour les opérations militaires, de donner trop au hasard, car les fautes y reçoivent un prompt châtiment, on ne doit pas non plus rester absolument dans la routine. Il est remarquable d'ailleurs que ces décisions promptes et hardies, qui dessinent le véritable homme de guerre, réussissent presque toujours.

Napoléon, franchissant le Saint-Bernard pour tomber sur les communications de Mélas, eut bien d'autres obstacles à vaincre. En traversant les défilés de Saint-Lambert, l'artillerie resta sur ses affûts et ne donna d'autre embarras que de retarder la marche. Au Saint-Bernard, il fallut démonter les pièces, et les canons placés dans des troncs d'arbres furent tirés par nos soldats.

On voit de suite que la direction imprimée par le maréchal Blücher à ses troupes, lorsqu'il se porta sur l'armée anglaise, fut la révélation de cette manœuvre concentrique dont l'effet est irrésistible. Il marchait au canon.

Plusieurs écrivains militaires voudraient que l'on ne prît pas cette maxime dans un sens trop absolu, et citent comme exemple la bataille de Bautzen. Pour nous, très convaincu qu'une exception, fortifie la règle, nous maintenons pour tous les cas l'application d'un principe qui, sur cent chances, peut vous en donner quatre-vingt-dix-neuf pour, et une contre : marchez donc au canon.

Nous avons dit assez haut et nous aurons occasion de le redire, non seulement ce que nous pensons, mais quelle doit être l'opinion de la France entière, au sujet des nobles services du maréchal de Grouchy qui est une des gloires militaires de notre époque.

Mais contrairement à l'opinion de l'auteur prussien précédemment cité, plusieurs écrivains étrangers prétendent que notre aile droite, dans les positions qu'elle occupait le 18 au matin, ne pouvait plus changer les destinées de la journée : nous allons répondre. Toute personnalité s'efface d'ailleurs, puisqu'il ne s'agit plus que d'une question de tactique; toutefois, comme ces questions sont de celles dont dépend trop souvent le sort des empires, nous croyons utile d'éclairer jusqu'au bout la discussion. Examinons donc avec le maréchal Gérard, qui maintenant, va prendre la parole, si la maxime de marcher au canon, qui n'est après tout, nous l'avons dit, qu'une formule du principe des lignes intérieures, doit nous faire ici défaut.

Le maréchal Gérard admet, avant tout, que pour faire une diversion, même puissante, il n'était pas nécessaire d'aller jusqu'à l'Empereur. —Aujourd'hui qu'une connaissance exacte des mouvements contemporains de ces deux armées ne laisse plus aucun doute sur cette assertion du maréchal Gérard, nous pouvons l'accepter comme une chose comprise, et continuer ses observations.

« Eu commençant le mouvement à midi, comme il n'y avait de Sart-à-Walhain à Saint-Lambert ou à Frichermont, pas plus de quatre lieues, il est incontestable, dit le maréchal Gérard, que la tête de notre colonne y serait arrivée vers quatre heures et demie, heure à laquelle les premières troupes de Blücher commençaient à déboucher. Les renseignements du général Valazé, cet officier du génie très compétent pour apprécier les embarras de la marche des troupes, constatent que les difficultés qui s'opposaient à suivre la direction que j'indiquais n'étaient pas de nature à nous arrêter longtemps. On est donc autorisé à croire qu'au moins la tête de notre colonne aurait pu se montrer à Mont-Saint-Jean ou à Frichermont à quatre heures et demie au plus tard, heure à laquelle les Prussiens ont commencé eux-mêmes à sortir des défilés de Saint-Lambert. Dans tous les cas, on reste convaincu que c'était physiquement possible, et à plus forte raison, si l'on songe aux considérations morales qui militaient en notre faveur; car alors nos soldats étaient victorieux, et dans cette occasion où il s'agissait d'aller partager la gloire de leurs camarades aux prises avec l'ennemi, aucun obstacle n'aurait pu les arrêter : on connaît l'effet magique qu'exerce le canon en pareille circonstance.

» Nos troupes arrivant sur ces points, simultanément avec la tête des colonnes prussiennes, il n'est pas douteux que notre présence n'eût forcé l'ennemi à prendre position, et à engager le combat qui aurait eu pour effet immédiat d'arrêter les Prussiens dans leurs mouvements vers Wellington. Dans ce cas, ils n'eussent pu le secourir contre les attaques vigoureuses de l'Empereur : elles auraient été d'autant plus décisives qu'il aurait pu alors disposer de la totalité de ses forces contre l'armée anglaise qui, à ce moment même, se trouvait dans un péril imminent.

» Ne serions-nous arrivés à Saint-Lambert que plus tard, c'est-à-dire de cinq à six heures, l'occasion était peut-être encore plus favorable, car alors nous trouvions les Prussiens doublement en flagrant délit, puisqu'il nous était donné de les prendre sur leurs derrières et en flanc ; de plus, de les attaquer dans les défilés où ils étaient engagés, et dont le général Gneisenau avoue lui-même qu'ils ne pouvaient sortir que difficilement. Faut-il admettre les suppositions les plus invraisemblables ? Eussions-nous rencontré dans notre marche de telles difficultés que pour les distances qui séparent Sart-à-Walhain de Saint-Lambert et de Frichermont, il nous eût fallu plus de sept heures (on voit que je fais la part des éventualités assez large), eh bien, nous arrivions à temps encore. *Il était sept heures et demie, dit le rapport du général prussien, et l'issue de la bataille était incertaine.*

» Quand on considère que les trois corps prussiens ont été, à partir de quatre heures et demie, successivement et entièrement engagés, et que malgré ce secours immense, le succès était incertain encore après sept heures et demie, qui pourrait mettre en doute que dans ce moment même, c'est-à-dire après sept heures et demie, la plus légère assistance des troupes de notre droite n'eût décidé la victoire en notre faveur? Quel militaire ayant fait la guerre n'a point été témoin de cette influence électrique que produit sur les soldats, dans un moment décisif, l'apparition soudaine de troupes amies, tandis que cette vue porte le trouble et le découragement dans les rangs des adversaires?

» Maintenant que les faits sont connus et que les documents et les rapports mêmes de l'ennemi jettent une lumière uniforme et si claire sur la situation critique des corps prussiens, non seulement les troupes que je commandais auraient suffi pour obtenir les grands avantages qui, comme je viens de le démontrer, auraient été la suite de la direction que l'on aurait dû prendre, mais je ne crains pas même d'avancer que l'apparition d'un seul corps d'infanterie ou de cavalerie, débouchant par le pont de Moustiers, et qui par la position topographique du pays aurait été en vue de l'ennemi, et sur ses derrières, aurait eu pour résultat inévitable d'arrêter la marche des Prussiens, et de paralyser, au moins pour quelques heures, les secours qu'ils portaient à l'armée anglaise ; et qu'alors ce retard aurait laissé à l'Empereur le temps et les moyens de disposer de ses réserves contre l'armée anglaise et de compléter la victoire qu'il avait si bien préparée, lorsque les troupes prussiennes sont venues la lui ravir. »

On a dit que Napoléon, dès qu'il connut la marche de Bülow, devait dégager sa droite en la faisant pivoter sur sa gauche, de manière à prendre une position oblique entre Hougomont, dont on s'emparait définitivement par un coup de vigueur, et Planchenois ; là ensuite, sur ce nouveau champ de bataille très resserré et d'une défense facile, on pouvait attendre la nuit pour se retirer derrière Génappe et s'y réunir au corps du maréchal de Grouchy.

Le but de la guerre entreprise en Belgique était, il est vrai, manqué ; toutefois, l'armée revenait sans perte sur les frontières de France, et l'on suivait alors le second des plans de campagne discutés par Napoléon.

Mais une guerre défensive qui peut être bonne, si l'on s'y décide dès l'abord, devient plus difficile lorsque l'abandon forcé de toutes les combinaisons offensives en fait une nécessité. Les ennemis que Napoléon redoutait le plus, nous n'avons cessé de le dire, se trouvaient dans Paris.

Il paraît cependant que Napoléon eut plus tard l'idée de changer sa ligne de retraite, qui était sur Charleroi, pour la porter vers la chaussée de Nivelles. L'armée française s'éloignait ainsi des Prussiens, en même temps qu'elle débordait la position des Anglais ; et le château d'Hougomont, dès que les hauteurs en arrière étaient enlevées, tombait de lui-même.

Quoique les plus grands avantages que l'on pût retirer de ce hardi changement de front n'eussent conduit qu'à une victoire tactique dont le résultat était une retraite sur Mons et sur Nivelles, ce qui ramenait encore au second plan d'opérations avec le désavantage de nous séparer du maréchal de Grouchy, Napoléon voulait, dit-on, s'y décider. Le désordre qui commençait à gagner notre droite menacée du côté des Prussiens par des forces trop considérables, et le rapport des officiers qui descendaient du plateau et prétendaient tous qu'en faisant avancer la Garde impériale on en finirait avec l'armée anglaise, circonstances que l'heure et la marche rapide de l'action ne permettaient plus d'examiner, amenèrent forcément d'autres dispositions.

Napoléon avait réussi plusieurs fois à changer sa ligne d'opérations pendant une bataille, et ce fut à cette manœuvre qu'il dut sa victoire de Marengo. Mais en même temps qu'il donnait à Mélas cette leçon de stratégie, il lui enseignait par une autre leçon de tactique qu'il ne faut engager sa réserve qu'avec beaucoup de précautions. Plût au ciel que Napoléon se fût trouvé aussi libre d'esprit en Belgique qu'il l'était dans les plaines de l'Italie.

On lui a reproché bien des fautes. La plupart des critiques qu'on lui adresse se contredisent ; nous ne nous y arrêterons pas. Il semble que cet adage des temps anciens ait été trouvé pour l'usage de notre époque, *væ victis*, « malheur aux vaincus. »

Cependant, puisque nous avons exprimé

notre opinion au sujet du roi Murat, dont l'absence nous fut si funeste, nous dirons encore que dans l'état de fatigue où se trouvaient nos troupes à l'arrivée définitive de l'armée prussienne, Napoléon devait conserver sa Garde et non l'engager. Murat, à la tête de la cavalerie, eût décidé la victoire; la réserve, morcelée, dispersée, nous enleva notre seule chance de salut.

« La Garde impériale a soutenu son ancienne réputation, dit l'Empereur, mais elle s'est trouvée engagée dans de malheureuses circonstances. Elle était débordée par la droite et la gauche, inondée de fuyards et d'ennemis, lorsqu'elle a commencé à entrer en ligne; car si cette Garde eût pu se battre, les flancs appuyés, elle aurait repoussé les efforts des deux armées ennemies réunies. »

Ces paroles caractérisent la situation. Dès le moment où la seule présence de la Garde impériale ne suffisait plus pour décider la victoire, il fallait s'en servir pour assurer le ralliement.

Lorsqu'à la Moskowa on demandait la Garde, et que Napoléon répondait : S'il y a une seconde bataille demain, avec quoi la livrerai-je? son génie se manifestait dans toute son étendue. Ce corps d'élite, entamé à cette journée, l'armée française ne repassait peut-être pas le Niémen.

La critique des historiens porte cependant sur ce point, que Napoléon eût dû faire marcher la Garde plus tôt; et plusieurs prétendent même qu'il fallait lui faire soutenir l'attaque de la cavalerie.

Mais une réserve ne s'aventure pas au commencement de l'action. Le sort des batailles se formule en une seule maxime: C'est l'art d'engager le dernier sa réserve (*a*).

Le jour était sur son déclin. La canonnade du maréchal de Grouchy qui depuis sept heures et demie se faisait entendre, en accusant une distance de deux lieues, ne laissait plus d'espérance d'être secouru de ce côté. Le maréchal se battait à Wavres contre Thielmann, et une de ses colonnes passait la Dyle, au moment où les autres corps prussiens faisaient leur jonction avec les Anglais.

---

(*a*) Les services rendus par la Garde impériale pendant les guerres de l'Empire sont tellement manifestes, que l'on ne comprend pas l'indifférence, je dirai même l'opposition, apportée si longtemps au rétablissement d'un pareil corps d'élite En appelant le général Regnault de Saint-Jean-d'Angely au commandement de ce poste d'honneur, l'Empereur ne pouvait le confier à des mains plus fermes et plus dignes.

L'Empereur ayant résolu de tenter un dernier effort, s'occupait de rallier la Garde. Mais les éléments de désordre prenaient une telle supériorité, qu'il crut devoir engager immédiatement ce qui se trouvait disponible : c'était la division Friant, forte de quatre bataillons. Napoléon s'avance vers eux, et leur montrant du doigt les lignes éclaircies de l'ennemi : « Voilà, leur dit-il, le chemin de Bruxelles. »

Cette apparition ranime la cavalerie française et les débris du corps d'Erlon. Si toute la Garde eût été réunie, peut-être une attaque vigoureuse pouvait-elle encore offrir quelque chance de succès; mais il fallait plus d'un quart heure. Cependant, ces quatre bataillons s'avancent; le général Reille, de son côté, rassemble ses troupes vers Hougomont.

A mesure que les autres fractions de la Garde arrivent, l'Empereur les range par brigades, deux bataillons en bataille et deux autres en colonnes sur la droite et la gauche, la deuxième brigade en échelon; formation qui réunit les avantages de l'ordre profond et de l'ordre mince.

Déjà le maréchal Ney, qui marche à la tête de la division Friant, était aux prises, repoussant tout ce qui se trouve devant lui. Le duc de

Wellington veut opposer la division Brunswick qui vient d'arriver sur sa droite ; cette division se retire culbutée. Le prince d'Orange essaie d'arrêter une marche aussi audacieuse en lançant la brigade de Nassau ; elle se disperse, et le prince est blessé. Enfin, d'autres forces accourant, les Brunswickois se rallient, et la formidable colonne s'arrête un instant.

Elle revient bientôt à la charge, s'élance sur les quatorze bataillons qui lui sont opposés et va sans aucun doute enfoncer encore cette nouvelle ligne, lorsque le feu des batteries que lord Wellington avait fait avancer paralyse tant de généreux efforts. Le général Michel est tué; le général Friant se retire blessé ; mais le maréchal Ney, quoique démonté, reste à la tête de ces braves : ils se maintiennent sur le plateau.

Soudain, un cri d'alarme se fait entendre à notre droite : Blücher enlève le village de La Haie avec le corps de Ziethen. « Bien que la division qui défendait le poste fût attaquée par des forces quadruples, dit Napoléon, elle pouvait se créneler dans les maisons du village, et avec de la résolution, arrêter l'armée prussienne. Mais ce fut sur ce point que l'on entendit le cri de *sauve qui peut.* »

La trouée faite, un mouvement rétrograde

s'ensuivit ; la ligne fut rompue, et la cavalerie ennemie inonda le champ de bataille. Bülow, repoussé jusqu'alors, s'avança de nouveau ; le comte de Lobau fit bonne contenance. Toutefois, il fallut ordonner un changement de front à la Garde impériale qui allait se porter en avant. Elle fit face en arrière, se forma en carrés et barra le champ de bataille.

En ce moment, rien ne paraissait désespéré. Derrière ces troupes d'élite, l'extrême droite pouvait se rallier sans peine ; lorsque les deux brigades de cavalerie que lord Wellington tenait en réserve pour faciliter sa jonction avec les Prussiens, devenant libres par l'arrivée du maréchal Blücher, pénétrèrent entre La Haie-Sainte et le corps du général Reille. Elles eussent été arrêtées par les carrés de la Garde qui les attendaient; mais voyant le désordre de notre droite, au lieu d'attaquer ces carrés, elles les tournèrent.

L'Empereur ordonne à ses quatre escadrons de service de charger ces deux brigades. C'était à peu près trois cents chevaux qui devaient en aborder trois mille, et les meilleurs de la cavalerie anglaise. Un contre dix. Ils n'hésitèrent pas ; mais ils furent ramenés. Il aurait fallu toute la cavalerie de réserve de la Garde, cette division de deux mille grenadiers et dragons, soldats éprouvés, et qui n'avaient point de rivaux sur un champ de bataille.

Que l'engagement de cette réserve se soit fait par ses ordres ou à son insu, toujours est-il que l'Empereur ne put s'étonner de ne pas la trouver disponible, comme on le suppose, car il y avait trois heures que ces intrépides cavaliers s'étaient emparés du plateau et s'y maintenaient.

Ils n'en descendirent, ainsi que les bataillons de la division Friant, qu'après avoir épuisé leurs forces, et lorsque l'artillerie et l'infanterie eurent brûlé leurs munitions. Le plateau abandonné, l'armée anglaise fit un mouvement de ligne en avant, et s'arrêta aux positions si longtemps occupées par les Français.

Sur quelques points cependant, la défense est encore opiniâtre; et à Planchenois, onze cents grenadiers ou chasseurs de la Garde, commandés par le général Pelet, tiennent en échec dix mille Prussiens qui les entourent et au travers desquels ils s'ouvrent une voie sanglante, quand ils reconnaissent qu'une plus longue résistance devient inutile.

Ney, toujours plus grand à mesure que la situation devient plus critique, ne peut se résoudre à céder son champ de bataille. Il aperçoit un millier d'hommes qui semblent se pelotonner encore, faibles débris d'une de nos divisions. Monté sur un cheval d'emprunt dont les flancs sont en lambeaux, Ney, un tronçon d'épée à la main, se dirige vers eux et leur crie : « Suivez-moi ; je veux vous faire voir comment doit mourir un maréchal de France ! » Noble trépas, en effet, bien digne de ce héros, et qui eût épargné une tache de sang à notre histoire.

Les carrés de la Garde, après avoir lutté contre toutes les attaques de l'infanterie et de la cavalerie, ne cédant le terrain que pied à pied, furent enfin écrasés sous la masse des ennemis que l'obscurité favorisait. Ils vendirent chèrement leur vie. Le général Cambronne, qui connaissait le grand cœur de ces braves gens, reçut avec mépris les sommations qu'on osa lui faire. C'eût été un trophée nouveau sans doute que des soldats de la Garde impériale faits prisonniers les armes à la main.

La jonction des deux armées s'opérait à la Belle-Alliance vers neuf heures du soir. Là, une poursuite de nuit fut résolue par les Prussiens, car les Anglais étaient trop épuisés pour quitter le champ de bataille. Cette détermination inusitée à la guerre, où la nuit sépare d'ordinaire les combattants, augmenta beaucoup le désordre, et occasionna la perte de notre matériel.

Le lieu où les deux généraux alliés s'étaient rencontrés, quoique cet incident fût dû au hasard, paraissait aux Prussiens caractériser assez bien la situation, et ils donnèrent à cette journée le nom de *Belle-Alliance*. Les Français, de leur côté, regardaient le *Mont-Saint-Jean* comme le point décisif de la bataille. Enfin la dénomination de *Waterloo* a prévalu.

Ce mot résonnait mieux aux oreilles du peuple britannique, dont il flattait surtout l'orgueil. Waterloo était le village où son héros avait couché la veille.

Le nom de la bataille étant bien défini, il ne paraît pas aussi facile de reconnaître lequel des deux alliés veut céder à l'autre la palme du vainqueur.

Le chef d'état-major Gneisenau, dans son compte-rendu officiel, prétend que « malgré le courage et la fermeté des troupes anglaises, il n'était pas possible que tant d'efforts n'eussent un terme. » Ce qui signifie apparemment que les Anglais devaient succomber s'ils n'avaient pas été secourus.

A l'appui de cette opinion, les Prussiens invoquent les témoignages les plus désintéressés. C'est un général espagnol, D. Ricardo de Alava, présent à l'action, et qui écrit à son gouvernement que « l'arrivée de l'armée prussienne était plus que nécessaire en raison des pertes affreuses que l'armée anglaise avait faites. » C'est un général anglais qui dit dans une lettre imprimée à Londres: « Il est plus facile de se figurer que de décrire l'inquiétude que le retard des Prussiens occasionnait dans la contenance de chacun. » Ce serait enfin lord Wellington lui-même qui aurait jeté ce cri de désespoir dans un moment où la détresse de ses soldats lui apparaissait dans toute son évidence: « Mon Dieu! faudra-t-il donc les voir tailler en pièces jusqu'au dernier; et la nuit ou les Prussiens ne viendront-ils pas à mon secours! »

Ces faits sont si avérés, que dans un endroit de son rapport, lord Wellington semblait vouloir leur donner une consécration éclatante, en faisant honneur de la victoire au maréchal Blücher. Mais il revendique ensuite cet honneur tout entier pour lui dans un autre paragraphe, car on lit : « Le mouvement du général Bülow sur les flancs de l'ennemi l'aurait forcé à se retirer, si je ne m'étais pas trouvé moi-même en position de faire l'attaque qui a décidé l'affaire. »

On sait d'ailleurs que le noble duc s'est prononcé depuis d'une manière beaucoup plus explicite, et de telle sorte, nous pouvons l'admettre, que les trois mots si célèbres de César, *veni, vidi, vici,* n'ont plus rien à faire aujourd'hui dans l'histoire ; en parlant de Napoléon, lord Wellington a dit : *je l'ai vaincu.*

Cette prétention paraît fondée principalement sur ce que le maréchal Blücher devait apporter son concours avant midi, et qu'il a compromis l'armée anglaise en l'obligeant de résister seule pendant plusieurs heures aux attaques d'un ennemi acharné.

Le maréchal Blücher ne pouvait manquer à la réplique, et déclare que s'il n'a pas mis plus tôt les Français en fuite, on doit chercher la cause de ce retard dans le mauvais état des chemins défoncés par une pluie de trente heures. Les écrivains militaires prussiens adoptent sans réserve cette opinion.

Nous n'avons pas à prononcer, on le comprend, entre ces deux triomphateurs. Si donc nous intervenons dans un débat dont la solution ne semble pas devoir être très prochaine, c'est seulement à l'effet de réclamer en faveur du vaincu le bénéfice d'un adage qui, pour paraître passablement vulgaire, ne manque pas d'une certaine justesse ; nous voulons dire que chacun est en droit de prendre sa part de la pluie comme du soleil.

Quelque temps qu'il fît le 17 juin, le maréchal Blücher ne pouvait pas aller au-delà de Wavres dans cette journée. Ainsi, c'est de ce point à Waterloo, c'est-à-dire pendant trois lieues à peine, qu'il faut étudier l'itinéraire du général prussien. Or, la topographie du pays est connue, et les obstacles que Blücher rencontra, tiennent surtout à la localité, à cause des gorges étroites qui forment le défilé de Saint-Lambert. L'inconvénient des pluies se faisait sentir bien autrement dans la plaine.

Admettons toutefois que le mauvais temps ait retardé sa marche de trois heures, et c'est beaucoup; il en résulte que Bülow paraissait avec ses trente mille hommes à une heure au lieu d'arriver à quatre, et le reste de l'armée prussienne entrait en ligne à cinq heures.

Mais l'armée française, de son côté, allait prendre son ordre de bataille à quatre heures du matin; et, quand elle n'aurait dû commencer ses attaques qu'à six heures, aucun incident ne venant alors déranger les combinaisons tactiques de Napoléon, avant midi les destinées de l'armée anglaise se fussent accomplies, malgré son courage incontestable, malgré la force de ses positions, et même en dépit des fautes que nous avions commises. Nous ne répéterons pas ce que nous avons dit au sujet de l'intervention plus tardive des Prussiens.

Les écrivains anglais prétendent que dans toutes nos défaites, depuis Crécy jusqu'à Waterloo, nous faisons intervenir des incidents imprévus, des causes étrangères à la bataille, afin de diminuer le mérite de leurs soldats. Ces reproches ne sauraient nous atteindre. Cependant, sur cette question de la pluie et du beau temps, il est curieux de laisser parler ces écrivains et notamment Walter-Scott. Nous savons tous que dans sa prose comme dans ses vers on ne peut l'accuser de faiblesse pour la France.

« Les grandes pluies pendant la nuit du 17 au 18, furent sans doute, dit-il, plus désavantageuses à l'ennemi qu'aux troupes de lord Wellington : celles-ci étaient au bivouac et n'avaient que peu de mouvements à faire, pendant que les colonnes de l'ennemi et surtout la cavalerie étaient fort embarrassées par le mauvais état des lieux ; elles avancèrent plus lentement, et furent longtemps exposées au feu. »

On lit encore ailleurs : « A Moscow, le froid arriva quinze jours plus tôt qu'à l'ordinaire ; ici, le tonnerre, les éclairs et le déluge de pluie qui eurent lieu le jour qui précéda la bataille, empêchèrent *ce démon* d'avancer. Ils sauvèrent d'une perte totale les armées anglaise et prussienne, et de toutes les horreurs du pillage les habitants de Bruxelles, de Gand, d'Anvers et des autres villes des Pays-Bas. »

Dans cette funeste journée, notre perte s'éleva à vingt-cinq mille hommes, savoir : tués ou blessés, dix-huit mille cinq cents; prisonniers, sept mille huit. Les généraux Desvaux de Saint-Maurice et Michel furent tués; le général Duhesme fut massacré de sang-froid par des hussards de Brunswick, le lendemain de la bataille, sans que les officiers de ce corps s'opposassent à ce lâche assassinat. Les généraux Lobau, Compans, demeurèrent prisonniers; le général Cambronne, frappé à la tête par un éclat d'obus, resta aussi sur le champ de bataille, d'où la gravité de sa blessure ne permit pas de le retirer (*a*).

(*a*) Walter-Scott voulant prouver que la Garde impériale ne refusa pas de se rendre, raconte que Cambronne lui-même remit son épée et resta prisonnier. Dans une de ses admirables leçons, M. Villemain nous disait un jour en parlant des romans de Walter-Scott : « Ils sont plus vrais que l'histoire. » J'ai longtemps cherché le sens de cette phrase, et je pense l'avoir trouvé. M. Villemain voulait dire probablement que les romans de Walter-Scott étaient plus vrais que son histoire.

Les ennemis perdirent comme nous vingt-cinq mille hommes, d'après le tableau publié par leurs rapports officiels ainsi détaillés : Anglais, légion allemande et Hanovriens, onze mille six cent soixante-dix-huit ; Hollandais, trois mille cinq cent quarante-sept ; Brunswick, mille ; Prussiens, sept mille quatre cent cinquante-quatre. Parmi eux, les généraux Picton, Ponsonby, Van-Merlen ; les commandants de brigade Duplat, Ompteda, Schwerin et Lettow; et le colonel Heinemann, qui à la fin de l'action commandait la division de Brunswick, furent tués. Les généraux prince d'Orange, lord Uxbridge, Alten, Collaert, Cooke, Barnes, Kempt, Halkett, Adams, Doernberg, Pack, Bylandt, et le colonel Offermann commandant la division de Brunswick, furent blessés.

Après la défaite de ses escadrons de service, Napoléon s'était retiré sur les hauteurs de Rossomme, gardées par deux bataillons de la Garde. Il s'y maintint longtemps, commandant le feu lui-même, faisant de chaque homme un héros par sa présence, et bien décidé, si l'on ne pouvait opérer le ralliement, de s'ensevelir sous ses aigles avec ses grenadiers. Entraîné malgré lui hors de ce champ de carnage, il prit la route de Charleroi et envoya plusieurs officiers au maréchal de Grouchy pour lui faire connaître la perte de la bataille, ainsi que l'ordre de se diriger sur Laon.

Ces communications arrivèrent au commandant de l'aile droite, le lendemain à neuf heures du matin. On peut se figurer quelle dut être sa stupeur et celle des généraux de son corps d'armée. Le maréchal de Grouchy ne perdit pas un instant.

Si sa belle retraite sur Paris doit ajouter de nouveaux titres à ses fastes militaires, la France ne peut oublier l'énergique surveillance qu'il sut déployer pour suivre jusque dans ses méandres les plus tortueux, l'intrigue dissolvante dont tant de maîtres en fourberie essayaient d'envelopper son armée ; on doit aussi lui tenir compte de ses généreux efforts pour consolider la dynastie de Napoléon.

La situation était critique ; elle n'était pas désespérée. Le prince Jérôme, dont la conduite mérite les plus grands éloges pendant cette campagne, avait réuni de son côté vingt-cinq mille hommes. L'armée s'augmentait à toute heure ; nos pertes allaient se réparer. « Il fallait, dit Napoléon, que la France fixât les yeux sur Rome après la bataille de Cannes, et non sur Carthage après Zama. »

Quelle haute leçon d'histoire il donnait à la Chambre des représentants par ces mémorables paroles que l'événement devait rendre prophétiques : « N'imitons pas l'exemple du Bas-Empire qui, pressé de tous côtés par les Barbares, se rendit la risée de la postérité, en s'occupant de discussions abstraites au moment où le bélier brisait les portes de la ville. »

Wellington et Blücher qui pensaient aux prodiges de 1814, craignant le réveil du lion, voulaient attendre pour continuer leur mouvement, que les autres armées coalisées fussent arrivées sur la Meuse. En conséquence, les 21, 22, 23 et 24 ils s'étaient arrêtés. Appelés par le parti anti-national à consolider la révolution qui venait de se produire par suite de l'abdication de Napoléon, ces deux généraux se remirent en marche.

Ce fut pendant cette halte de prudence, que le duc de Wellington lança son manifeste, daté de *Malplaquet*, par lequel il nous informe qu'il entre dans notre pays à la tête d'une armée victorieuse. « Les Français, ajoute-t-il, savent que j'ai le droit de désirer qu'ils se conduisent de manière à mériter ma protection, et je demande à connaître ceux qui oseraient désobéir à mes ordres. »

C'était contre l'armée française que l'on entendait protéger la nation. Cette armée, admirable de désintéressement et de dévouement à la patrie, si l'on n'eût pas enchaîné son courage, aurait dit son dernier mot à ces Huns et à ces Vandales, couverts du manteau des peuples civilisés.

Sous cette jactance apparente, la vérité est que ce lord-duc cachait de sérieuses inquiétudes, comme on peut le comprendre par la lettre qu'il écrivit à Louis XVIII quelque temps après.

« Blücher ni moi n'étions capables de vous
» rendre votre couronne, lui disait-il. Nous
» avions affaire à une armée de quatre-vingt
» mille enragés qui nous auraient écrasés.
» Nous ne pouvions éviter une bataille, si on
» nous l'eût offerte, ou nous étions obligés de
» battre en retraite pour attendre la coopéra-
» tion des autres puissances; et Votre Majesté
» sait *quelles étaient alors leurs dispositions*. Le
» duc d'Otrante a empêché que la bataille
» n'eût lieu, et c'est à lui que vous devez d'être
» remonté sur le trône de vos pères. »

Le 29 au soir, l'armée prussienne se trouvait devant Paris à plus de dix lieues en avant de l'armée anglaise, dont les postes les plus avancés ne dépassaient pas Senlis. Les Prussiens avaient à peine soixante mille hommes, et le maréchal Davout, ministre de la guerre, investi par le gouvernement provisoire du pouvoir suprême de général en chef, pouvait opposer des forces presque doubles au général ennemi. Excelmans, malgré les événements accomplis, détruisant avec une poignée de braves deux régiments prussiens à Vélisy, dut apprendre à ce maréchal de France, s'il l'ignorait encore, ce que l'on pouvait attendre du courage et de l'esprit de nos soldats.

On demande quelle eût été l'issue définitive de cette nouvelle lutte contre l'Europe, si l'on se fût décidé à effacer la défaite de Waterloo.

Le maréchal Davout entrait en ligne le 29 juin avec cent mille hommes; et dans les premiers jours de juillet, le reste de nos dépôts, et les fédérés qui demandaient à marcher, allaient donner cinquante mille hommes de plus.

Le 25 de ce même mois, époque à laquelle les armées russe et autrichienne, qui venaient de passer le Rhin le 24 juin, pouvaient seulement arriver sous Paris, nos forces s'augmentaient de deux cents bataillons mobiles de gardes nationales et de vingt régiments de marine, ce qui donnait encore cent quatre-vingt mille hommes; c'est-à-dire un effectif à peu près égal à celui de la coalition.

Et, quand on ne connaîtrait pas, par la lettre

du duc de Wellington à Louis XVIII, les dispositions des deux puissances qui passaient le Rhin, on comprendrait toujours qu'elles n'avaient pas un grand intérêt à prolonger la guerre, car le démembrement de la France ne leur importait pas autant qu'aux Anglais et aux Prussiens.

Ces alliés s'étaient enhardis au point de marcher par la vallée de Montmorency sur Saint-Germain et Versailles, laissant leur flanc gauche entièrement à découvert du côté de l'armée française pendant ce mouvement hasardé.

Napoléon se trouvait alors à la Malmaison, où il faisait ses dispositions de départ, quand il eut connaissance de cette faute stratégique. Aussitôt, il envoie demander au gouvernement provisoire l'autorisation de se mettre à la tête des troupes, certain d'écraser l'ennemi sur son flanc et sur ses derrières ; et, la capitale étant sauvée, il quittait son commandement.

Mais ces hommes, chez qui Napoléon avait essayé déjà de réveiller les sentiments d'honneur national en invoquant les souvenirs de trois grands peuples, aussi peu soucieux des destins de la France que de ceux du Bas-Empire, de Rome ou de Carthage, signaient alors ces transactions honteuses qui souillent notre histoire, et si justement appréciées d'ailleurs quand on a dit qu'elles nous prirent en un jour les forteresses par centaines, les canons par milliers et l'argent par milliards.

Abandonné de ceux qu'il avait comblés de tout ce que l'homme peut ambitionner ici-bas, gloire, honneur, fortune; et qui, en trahissant le bienfaiteur, n'eurent même pas ce triste et dernier courage de sauvegarder sa liberté, Napoléon écrivit au prince régent la lettre que vous savez, mais qu'il faut relire, et dans laquelle il devait abaisser ses ennemis pour se grandir encore aux yeux de la postérité.

« Altesse royale, en butte aux factions qui » divisent mon pays, et à l'inimitié des plus » grandes puissances de l'Europe, j'ai terminé » ma carrière politique. Je viens, comme Thé» mistocle, m'asseoir au foyer du peuple bri» tannique. Je me mets sous la protection de » ses lois, que je réclame de votre Altesse » royale, comme du plus puissant, du plus » constant, du plus généreux de mes en» nemis. »

Quel est donc le secret de l'organisation militaire d'un peuple qui vient marquer notre Histoire par ses jalons funèbres; car, d'*Azincourt* à *Waterloo*, nous trouvons encore *Ramillies*, autre époque de désastre où l'on voit aboutir les victoires de Louis XIV à la destruction du port de Dunkerque, le port d'Anvers de ce temps.

Si nos soldats sont aussi braves et non moins intelligents que ceux de l'Angleterre; si nos généraux ne le cèdent pas aux leurs en capacité, serions-nous alors sous l'influence de cette loi mystérieuse et terrible qui semble frapper parfois les individus comme les races; la fatalité vient-elle ici présider aux destins de la France?

Non. Nos lecteurs, Dieu merci, n'auront point à discuter avec nous les raisons qui doivent faire nier ou admettre la réalité d'un pareil dogme; la cause de nos défaites peut encore se comprendre ailleurs.

Le général Lamarque, un des nôtres, initié par l'étude à l'art de la guerre, me disait un jour qu'il se regardait comme certain de pouvoir battre le duc de Wellington. —Et comment, lui demandai-je? — Je le ferais manœuvrer sans cesse, me répondit-il, et je refuserais obstinément et résolument la bataille, chaque fois qu'il viendrait me l'offrir. — C'est une de nos bonnes maximes, répliquai-je, d'agir toujours au contraire de ce que l'ennemi désire; et à ce compte, je pense que non seulement vous battriez lord Wellington, mais aussi tous les généraux anglais.

Soit, en effet, que la situation géographique du pays imprime au caractère de ces généraux une inquiétude de prudence et de surveillance continuelle; soit encore le besoin de ménager des troupes que l'on ne peut aisément remplacer, il est évident que leur génie appréciateur se porte de préférence vers la défensive. S'ils attaquent, c'est avec la certitude d'une grande supériorité numérique, comme à Toulouse; ou bien, ils y sont conduits, ainsi qu'on le voit pour Alkmaër, par une absolue nécessité.

Mais, comme l'observe très judicieusement M. de Mauduit, qui a écrit de belles et nobles pages sur *Les derniers Jours de la Grande-Armée*, au lieu de forcer les troupes anglaises à s'étendre, nous manœuvrons pour les resserrer, et nous donnons ensuite tête baissée dans des positions formidables, préparées à l'avance, et qu'elles savent merveilleusement défendre. On dirait que nous prenons à tâche de leur faire précisément l'espèce de guerre qui leur convient le mieux.

On cite souvent Ramillies où l'armée française fut attaquée à forces égales. La droite des alliés étant couverte par un ruisseau, lord Marlborough porta toute sa cavalerie sur sa gauche, et déborda notre droite dans de telles proportions, qu'elles étaient sensibles à l'œil du dernier de nos soldats.

Renforcer une de ses ailes, refuser l'autre, et frapper ensuite avec la masse sur le point le plus faible de l'ennemi, comme Végèce nous l'indique dans sa troisième disposition, offre certainement une combinaison excellente. C'est l'ordre oblique dont Frédéric II, dans ses campagnes, fit une si heureuse application.

Mais si l'on ne peut entièrement masquer les mouvements préparatoires, au moins faut-il y mettre un peu plus d'art que n'en montra l'ennemi dans cette occasion où, pour s'établir, il défila processionnellement, durant cinq heures, en présence de l'armée française. Elle resta sous les armes sans bouger, quelque représentation que l'on fît d'ailleurs au maréchal de Villeroi, et l'on ne put même pas le décider à rectifier au moins sa ligne primitive.

Ce fut sans doute un des plus fâcheux exemples de favoritisme donné par Louis XIV, lorsqu'il voulut élever cet homme si haut. Catinat et Villars, dont on semblait oublier le mérite, auraient été bien vengés, si tout ressentiment ne devait pas s'effacer devant les malheurs de la patrie.

A Fontenoy, les choses se passèrent différemment. L'armée française occupait une position défensive, et fut percée par un corps d'infanterie fort de quatorze mille hommes: d'autres masses vinrent l'appuyer en se pressant l'une sur l'autre, car le terrain où elles s'engagèrent était resserré. Le duc de Cumberland, qui commandait les troupes anglaises, n'avait point préparé cette manœuvre; c'était un incident imprévu, comme il en arrive à la guerre trop souvent.

Des Français, placés dans la situation où se trouva cette colonne, auraient exécuté d'eux-mêmes ce qu'il y avait à faire. Ils se seraient divisés pour gagner à droite et à gauche les derrières de l'ennemi; et celui-ci, ainsi menacé et pris de revers, n'avait plus qu'à succomber glorieusement ou à mettre bas les armes.

Les Anglais, peu habitués à l'initiative, restèrent comme immobiles, paraissant attendre des ordres supérieurs. Le maréchal de Saxe vit cette inaction et en profita pour prendre les dispositions les plus sages. Il fit ensuite avancer l'artillerie et détruisit cette masse inerte en l'attaquant sur plusieurs points à la fois.

Le général Jomini m'a dit quelque part que le meilleur système de guerre, serait d'allier la méthode de Wellington à celle de Napoléon. J'en demande pardon à mon maître, car je suppose que le meilleur système à suivre pour un général est celui qui convient surtout au caractère et au génie du peuple qu'il commande.

Allez donc faire coucher à plat ventre, pendant trois heures, sur un champ de bataille, des divisions entières de l'armée française, comme lord Wellington le fit pour sa seconde ligne à Waterloo ; et, quand vous releverez ces divisions, dites-moi ensuite dans quel état moral vous trouverez vos troupes.

Je ne comprends pas non plus un système de stratégie qui n'a en définitive qu'une bataille à livrer, et qui, si on la refuse, rend un général le jouet de son ennemi.

Sertorius, chez les Anciens, par sa science dans la guerre de positions, acquit la réputation d'un grand capitaine ; mais il faut encore savoir quelle était la composition de ses troupes, et sur quels terrains il manœuvrait.

Placez Napoléon dans des conditions ordinaires : il n'a plus à craindre l'arrivée de trois cent mille hommes qui s'avancent à grandes journées; la jonction de deux armées qui se touchent pour ainsi dire ; et aussi ces infâmes conciliabules dont la capitale s'inquiète et qu'il suit de l'œil jusque sur son champ de bataille ; croyez bien alors qu'appréciant la force de la position du Mont-Saint-Jean et la solidité d'une armée anglaise, Napoléon, au lieu d'attaquer sur ce terrain son adversaire, l'aurait délogé par des manœuvres, pour le détruire ensuite en détail.

Je résiste en terminant à ce courant d'idées qui semble vouloir entraîner tous les eprits. Les relations internationales qui s'étendent d'une manière si facile et si rapide, vont amener, dit-on, une sincère confraternité parmi les hommes, et le moment est venu où nous pouvons enfin proclamer la Sainte-Alliance des peuples, après avoir subi la Sainte-Alliance des rois :

« Peuples, formez une Sainte-Alliance,
Et donnez-vous la main. »

Mais si beau, si poétique que soit un rêve, il s'efface pourtant en présence de la réalité; et cette réalité, si triste par fois, c'est l'histoire tout entière, ou bien elle ne présente plus qu'un immense contre-sens.

Comment! vous prétendez que les relations, en se multipliant, vont détruire les causes des guerres; qu'elles éteindront les passions. Mais c'est le contraire qu'il faudrait dire.

A-t-il existé jamais une nation, la plus petite, sans guerre intestine; jamais une peuplade, une association, une famille même, furent-elles exemptes de dissensions? Voyez donc ce qui se passe entre les marchands d'une même ville: la moitié de leur vie se consume en calculs de rivalités. La guerre est une affaire de commerce; et il le faut bien, puisque le commerce est la source de la prospérité des nations.

Si vous voulez absolument vous mettre à l'abri des querelles étrangères, murez-vous au contraire comme l'a fait l'empire de la Chine, et surtout allez vous placer à quatre mille lieues des peuples qui vous connaissent; car aucune muraille ne résiste à l'artillerie.

Les écrivains militaires, plus accoutumés à l'examen des causes premières, obligés d'ailleurs de faire entrer dans leurs appréciations le jeu incessant des passions humaines, ne s'y sont pas trompés. Ils vous ont dit et ils vous répètent: Faites-vous forts par vos armées, voilà le véritable bouclier des États.

Qu'il en soit ainsi pour notre France, et qu'elle accomplisse ses hautes destinées. La vapeur pouvant guider aujourd'hui les bataillons sur tous les points où ils voudront porter l'attaque, la force continentale reprend sa supériorité. Impuissant désormais malgré le secours des vents et des tempêtes, le trident de Neptune est brisé : ce n'est plus le sceptre du monde.

# TABLE

# DES MATIÈRES.

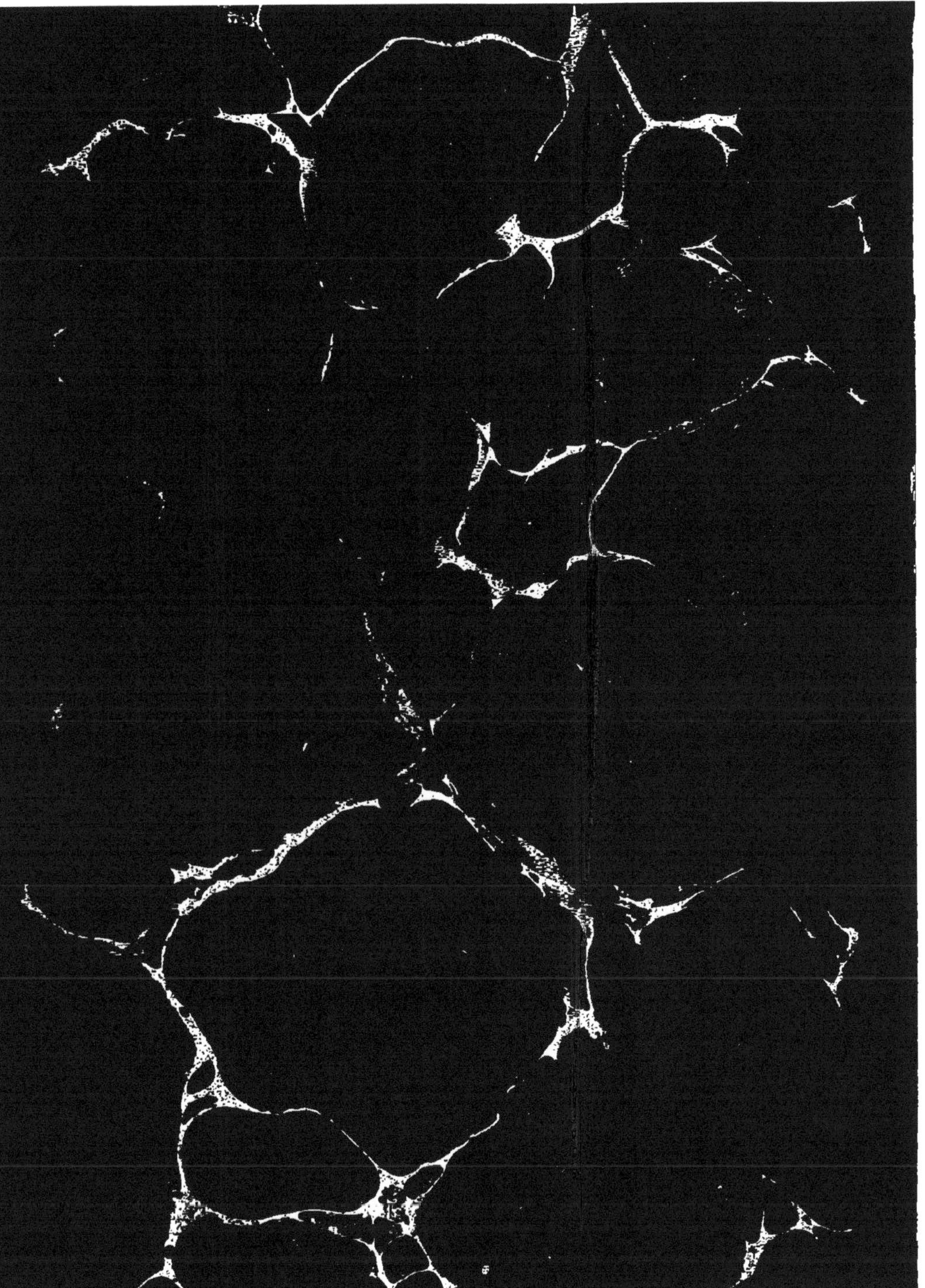

www.ingramcontent.com/pod-product-compliance
Ingram Content Group UK Ltd.
Pitfield, Milton Keynes, MK11 3LW, UK
UKHW020117200726
13856UKWH00002B/593